desserts *light*

carnet de cuisine

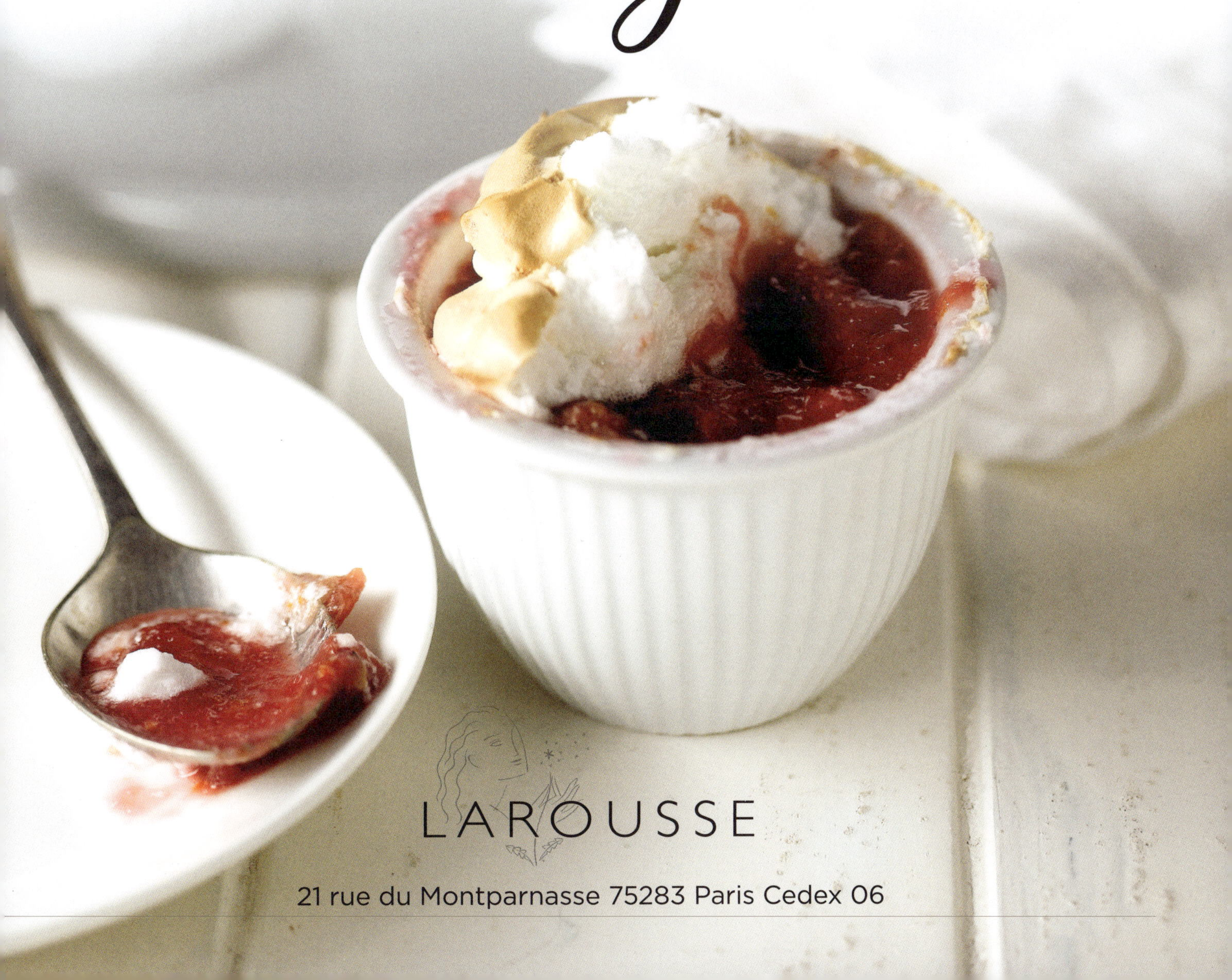

LAROUSSE

21 rue du Montparnasse 75283 Paris Cedex 06

Édition originale
Cet ouvrage a été publié pour la première fois en 2012 sous le titre *Healthy Desserts* par McRae Publishing Ltd.

Édition : Anne McRae
Direction artistique : Marco Nardi
Photographies : Brent Parker Jones
Textes : Carla Bardi

Édition française
Direction éditoriale : Delphine Blétry
Édition : Coralie Benoit
Traduction : Hélène Nicolas
Direction artistique : Emmanuel Chaspoul
Réalisation : Belle Page, Boulogne
Couverture : Véronique Laporte

ISBN : 978-2-03-587055-1
Dépôt légal : mai 2012
Imprimé en Chine

Sommaire

Bon appétit !

Cet ouvrage présente 100 recettes de desserts sains et délicieux. Leur niveau de difficulté est indiqué en tête de chaque recette par les chiffres 1 (pour les simples), 2 (pour les moyennement faciles), et 3 (pour les plus élaborées). Les 25 recettes qui suivent ont été sélectionnées spécialement pour vous mettre l'eau à la bouche ! Vous les retrouverez aux pages indiquées en haut de chaque photographie.

LES SIMPLISSIMES

18
Salade de FRUITS & SIROP DE CITRON

7
Gaspacho de FRUITS

10
Soupe de PÊCHES

52
Sorbet au CITRON & FRUITS ROUGES

115
Meringues au CHOCOLAT

29
Cobbler POMMES & FRUITS ROUGES

56
Sorbet ANANAS & ORANGE

84
Gâteau à la RICOTTA

87
Gâteau à la CAROTTE

LES PLUS LÉGERS

78
Crèmes CARAMEL

LES TRADITIONNELS

NOS COUPS DE CŒUR

VOICI LE PALMARÈS DE NOS MEILLEURS DESSERTS !

Douceurs fruitées

Gaspacho de FRUITS

- 150 g de fraises
- Le jus de 1/2 citron
- 600 g d'autres fruits rouges (framboises, mûres et myrtilles)
- 2 cuill. à soupe de sucre en poudre
- 4 glaçons
- 1/2 petit melon cantaloup mûr
- 2 grosses pêches mûres
- 1 cuill. à soupe de noix de coco râpée

Pour servir (facultatif)

- 8 gaufrettes
- 2 cuill. à soupe de sucre glace

Pour 4 personnes • Préparation : 10 min • Difficulté : 1

1. Rincez les fraises, puis équeutez-les. Coupez-les en tranches et arrosez-les de jus de citron. Rincez les autres fruits rouges, puis rassemblez-les dans le bol d'un robot avec le sucre et les glaçons en réservant quelques tranches de fraise. Mixez jusqu'à obtention d'une purée onctueuse. Passez-la dans un chinois au-dessus d'un saladier et jetez les pépins.
2. Pelez le melon, puis épépinez-le et détaillez la chair en morceaux. Pelez les pêches et coupez-les en deux. Dénoyautez-les, puis coupez la chair en dés. Répartissez la purée de fruits rouges dans quatre bols. Couvrez de morceaux de fraise réservés, de melon et de pêche, puis parsemez de noix de coco.
3. Saupoudrez les gaufrettes de sucre glace, puis servez-les avec le gaspacho de fruits.

Si cette recette vous plaît, vous aimerez aussi...

Soupe de FRAISES AU MIEL

Soupe de PÊCHES

Soupe de MELON

Pour apprécier toute la saveur de cette recette, préparez-la avec des fraises fraîches, si possible bio et cultivées dans votre région, au printemps ou en été, lorsqu'elles sont de saison.

Soupe de FRAISES AU MIEL

- 1,150 kg de fraises
- 1/2 gousse de vanille
- 2 cuill. à soupe de sucre en poudre
- 1 cuill. à soupe de jus de citron
- 2 cuill. à soupe de fécule de maïs
- 3 cuill. à soupe d'eau froide
- 6 cuill. à soupe de jus d'orange
- 6 cuill. à soupe de jus de raisin blanc
- 6 cuill. à soupe de miel liquide

Pour servir

- 4 cuill. à soupe de yaourt allégé à la vanille
- 6 à 8 feuilles de menthe

Pour 6 à 8 personnes • Préparation : 15 min • Réfrigération : 2 h • Cuisson : 5 min • Difficulté : 1

1. Rincez les fraises, puis équeutez-les. Réservez 150 g de fruits et mettez le reste dans le bol d'un robot. Mixez jusqu'à obtention d'une purée onctueuse, puis passez-la dans un chinois au-dessus d'un saladier. Égrenez la demi-gousse de vanille au-dessus du saladier, puis mélangez la purée de fraise avec le sucre et le jus de citron.
2. Dans un bol, délayez la fécule de maïs avec l'eau. Dans une casserole à feu moyen, mélangez le jus d'orange avec le jus de raisin et le miel. Remuez jusqu'à ce que le miel soit dissous, puis incorporez la purée de fraise et portez à frémissement. Incorporez la fécule délayée à la préparation et remuez jusqu'à ce que la soupe épaississe. Ôtez du feu, puis laissez refroidir à température ambiante. Réservez au moins 2 heures au réfrigérateur.
3. Tranchez les fraises réservées, puis répartissez-les dans des bols. Versez la soupe sur les fraises. Ajoutez 1 cuillerée à soupe de yaourt, puis servez avec 1 feuille de menthe.

Si cette recette vous plaît, vous aimerez aussi...

Gaspacho de FRUITS

Soupe de MYRTILLES

Soupe de FRAISES

Soupe de MYRTILLES

Pour 4 personnes • Préparation : 15 min • Réfrigération : 4 h • Cuisson : 4 min • Difficulté : 1

- 450 g de myrtilles
- 100 g de sucre en poudre
- Le jus de 1 orange
- 25 cl de jus de raisin blanc
- 25 cl d'eau

Pour servir

- 120 g de yaourt nature allégé

1. Rincez les myrtilles et réservez-les. Dans une cocotte, mélangez le sucre avec les jus de fruits et l'eau. Portez à ébullition sur feu moyen, puis laissez mijoter 1 minute en remuant constamment. Ajoutez les myrtilles dans la cocotte et prolongez la cuisson de 1 minute. Arrêtez le feu, puis laissez complètement refroidir.
2. Mixez à l'aide d'un mixeur à main jusqu'à obtention d'une soupe onctueuse. Passez-la dans un chinois au-dessus d'un saladier, puis réservez au moins 4 heures au réfrigérateur.
3. Répartissez la soupe dans quatre bols. Garnissez chaque bol de 2 cuillerées à soupe de yaourt et servez.

Soupe de PÊCHES

Pour 6 à 8 personnes • Préparation : 15 min • Réfrigération : 2 h • Difficulté : 1

- 1,5 kg de pêches
- 1 cuill. à café de gingembre en poudre
- 25 cl de yaourt allégé nature ou à la vanille

Pour servir

- Quelques feuilles de menthe ou de basilic

1. Pelez les pêches et coupez-les en deux. Dénoyautez-les, puis détaillez la chair en fines tranches ou en dés. Réservez quelques morceaux de fruits et réunissez le reste dans le bol d'un robot avec le gingembre. Mixez jusqu'à obtention d'une purée onctueuse. Incorporez le yaourt à la préparation, puis réservez au moins 2 heures au réfrigérateur.
2. Répartissez la soupe dans des verrines. Garnissez des morceaux de pêche réservés, puis servez avec des feuilles de menthe.

Soupe de MELON

Pour 4 personnes • Préparation : 10 min • Réfrigération : 2 h • Difficulté : 1

- 1 gros melon cantaloup
- 4 cuill. à soupe de rhum brun
- 4 cuill. à soupe de crème fraîche liquide allégée
- Le zeste de 1 citron non traité
- 4 cuill. à soupe de jus d'orange

1. Coupez le melon en deux. Épépinez-le, pelez-le, puis détaillez la chair en dés. Réservez quelques morceaux de fruit et réunissez le reste dans le bol d'un robot avec les autres ingrédients. Mixez jusqu'à obtention d'une purée onctueuse. Passez la préparation dans un chinois au-dessus d'un saladier, puis couvrez et réservez 2 heures au réfrigérateur.
2. Répartissez la soupe dans quatre verrines. Garnissez de dés de melon, puis servez.

Soupe de FRAISES

Pour 4 à 6 personnes • Préparation : 15 min• Réfrigération : 2 h • Cuisson : 2 min • Difficulté : 1

- 25 cl d'eau
- 25 cl de jus de pomme sans sucre ajouté
- 100 g de sucre en poudre
- 1/2 cuill. à café de cannelle en poudre
- 1 pincée de clou de girofle en poudre
- 460 g de fraises
- 250 g de yaourt à la fraise allégé
- 2 ou 3 gouttes de colorant alimentaire rouge
- 4 cuill. à soupe de crème aigre allégée (ou crème fraîche allégée additionnée de quelques gouttes de jus de citron)

1. Dans une cocotte, réunissez 18 cl d'eau, le jus de pomme, le sucre, la cannelle et la pincée de clou de girofle. Portez à ébullition en remuant et ôtez du feu.
2. Rincez les fraises, puis équeutez-les. Réservez 1 ou 2 fruits et mettez les autres dans le bol d'un robot avec le reste de l'eau. Mixez jusqu'à obtention d'une purée, puis incorporez-la au contenu de la cocotte. Ajoutez le yaourt et le colorant alimentaire, couvrez et réservez au moins 2 heures au réfrigérateur.
3. Répartissez la soupe dans des tasses. Ajoutez 1 cuillerée à soupe de crème aigre. Émincez les fruits réservés, disposez-les sur la crème et servez.

Salade FRUITS ROUGES, YAOURT & CARAMEL

- 250 g de yaourt à la grecque allégé
- 100 g de sucre en poudre
- 300 g de fraises
- 150 g de myrtilles
- 150 g de framboises

Pour 4 à 6 personnes • Préparation : 15 min • Réfrigération : 3h • Cuisson : 8 à 10 min • Difficulté : 1

1. Passez le yaourt dans un chinois au-dessus d'un saladier. Couvrez et réservez 3 heures au réfrigérateur.
2. Dans une casserole, faites chauffer le sucre sur feu doux à moyen de 8 à 10 minutes, en inclinant la casserole et en remuant le sucre à l'aide d'une cuillère en métal jusqu'à obtention d'un caramel.
3. Rincez les fruits. Équeutez les fraises, puis coupez-les en deux. Dans un saladier, mélangez délicatement tous les fruits. Répartissez-les dans quatre coupes, puis ajoutez une cuillerée à soupe de yaourt égoutté. Nappez de caramel chaud et servez.

Melon, FRUITS ROUGES & SORBET

- 2 petits melons cantaloup mûrs
- 150 g de fraises
- 150 g de mûres
- 150 g de framboises
- 500 g de sorbet au citron (voir la recette p. 52)

Pour servir

- Quelques brins de menthe

Pour 4 personnes • Préparation : 15 min • Difficulté : 1

1. Coupez les melons en deux, puis épépinez-les. À l'aide d'une cuillère à melon, prélevez un peu de chair en creusant délicatement les demi-melons et mettez les boules dans un saladier. Réservez les demi-melons.
2. Rincez les fruits rouges. Équeutez les fraises, puis coupez-les en quatre. Ajoutez les fruits dans le saladier et mélangez-les délicatement avec les boules de melon. Répartissez l'ensemble dans les moitiés de melon.
3. Confectionnez des boules de sorbet au citron avec la cuillère à melon, puis déposez-les sur la salade de fruits. Garnissez de menthe et servez aussitôt.

Le mojito est un cocktail cubain composé de rhum blanc, de sucre, de jus de citron vert et de menthe. La recette ci-dessous associe ces ingrédients traditionnels à des fruits savoureux. Si vous la préparez pour des enfants remplacez le rhum par du jus de raisin blanc.

Salade de FRUITS AU MOJITO

- 150 g de chair de pastèque
- 150 g de chair de melon cantaloup
- 2 kiwis
- 150 g de fraises
- 150 g de myrtilles
- 150 g de raisin blanc sans pépin
- 3 brins de menthe
- 2 cuill. à café de sucre en poudre
- 3 cuill. à soupe de jus de citron vert
- 3 cuill. à soupe de rhum blanc

Pour 4 à 6 personnes • Préparation : 15 min • Réfrigération : 1h • Difficulté : 1

1. Détaillez la chair de la pastèque et du melon en dés. Pelez les kiwis, puis coupez-les en quatre. Rincez les fraises, les myrtilles et le raisin. Équeutez les fraises, coupez-les en quatre, puis égrenez le raisin. Dans un saladier, mélangez délicatement les dés de pastèque et de melon avec les morceaux de kiwis et de fraises, les myrtilles et le raisin.
2. Dans un bol, mélangez la menthe avec le sucre, le jus de citron vert et le rhum, en écrasant la menthe à l'aide du dos d'une cuillère pour obtenir le maximum de saveur. Versez la préparation sur la salade de fruits. Couvrez et réservez au moins 1 heure au réfrigérateur.
3. Au moment de servir, remuez délicatement la salade de fruits.

Si cette recette vous plaît, vous aimerez aussi...

12
Salade FRUITS, YAOURT & CARAMEL

13
Melon, FRUITS ROUGES & SORBET

16
Salade de FRUITS EXOTIQUES

SELFRIDGES

Salade de FRUITS EXOTIQUES

- 1 ananas
- 2 mangues
- 4 kiwis
- 2 oranges
- 6 fruits de la Passion
- 6 cuill. à soupe de liqueur d'orange (type Cointreau)
- 4 cuill. à soupe de sucre glace
- 150 g de framboises
- 1 cuill. à soupe de feuilles de menthe ciselées

Pour servir (facultatif)

- 250 g de yaourt allégé à la vanille

Pour 4 à 6 personnes • Préparation : 20 min • Réfrigération : 2 h • Difficulté : 1

1. Coupez l'ananas en deux dans le sens de la longueur. Incisez la chair de chaque moitié à 2,5 cm de la peau. Évidez l'ananas jusqu'au trait. Ôtez le cœur, puis émincez la chair. Réservez les moitiés d'ananas. Pelez les mangues, dénoyautez-les et détaillez la chair en dés. Pelez les kiwis, puis coupez-les en dés. Ouvrez les fruits de la Passion en deux et prélevez la pulpe. Pelez les oranges à vif, puis détaillez-les en lamelles. Dans un saladier, mélangez les morceaux de fruit avec la pulpe des fruits de la Passion.
2. Mélangez la liqueur d'orange avec le sucre glace dans un bol. Versez le tout sur la salade de fruits. Rincez les framboises, puis incorporez-les délicatement à la préparation avec la menthe.
3. Répartissez la salade de fruits dans les moitiés d'ananas. Réservez 2 heures au réfrigérateur. Pendant ce temps, si vous le souhaitez, mettez le yaourt à égoutter dans un chinois au-dessus d'un saladier. Servez la salade de fruits accompagnée de yaourt.

Salade d'AGRUMES AU MIEL

- 1 pamplemousse rose
- 3 oranges navel ou 1 orange navel, 1 orange sanguine et 1 mandarine
- 6 cuill. à soupe de jus de citron vert ou jaune
- 6 cuill. à soupe de miel liquide
- 1 pincée de cardamome en poudre

Pour 4 à 6 personnes • Préparation : 15 min • Réfrigération : 1h • Cuisson : 7 min • Difficulté : 1

1. Pelez les agrumes à vif au-dessus d'un bol pour récupérer le jus. Séparez les segments à l'aide d'un couteau en retirant les membranes blanches, puis réunissez les segments dans un saladier.
2. Mélangez le jus des agrumes avec le jus de citron vert, le miel et la cardamome dans une casserole. Portez à frémissement, puis laissez mijoter 5 minutes à feu doux. Ôtez du feu et laissez refroidir à température ambiante.
3. Versez le contenu de la casserole sur les morceaux d'agrumes, puis remuez délicatement le tout. Réservez 1 heure au réfrigérateur et servez.

Préférez toujours les fruits bio, notamment si vous les consommez avec la peau ou bien rincez-les soigneusement avant de les déguster.

Salade de FRUITS & SIROP DE CITRON

- 2 bananes
- 1/2 petit ananas
- 300 g de fraises
- 4 fruits de la Passion

Pour le sirop de citron

- 6 cuill. à soupe de jus de citron
- 6 cuill. à soupe d'eau
- 2 cuill. à soupe de sucre en poudre

Pour servir

- 3 cuill. à soupe de noix de coco râpée

Pour 4 personnes • Préparation : 15 min • Réfrigération : 1 ou 2 h • Cuisson : 4 min • Difficulté : 1

1. Préparez le sirop de citron. Dans une casserole, mélangez tous les ingrédients. Portez à ébullition, puis laissez mijoter 2 minutes à feu doux. Ôtez du feu et laissez refroidir le sirop à température ambiante.
2. Épluchez les bananes, puis coupez-les en rondelles. Pelez l'ananas, retirez le cœur et détaillez la chair en morceaux. Rincez les fraises, puis équeutez-les et tranchez-les. Dans un saladier, mélangez soigneusement les morceaux de bananes, d'ananas et de fraises. Coupez les fruits de la Passion en deux. Prélevez la pulpe à l'aide d'une cuillère et ajoutez-la dans le saladier. Arrosez de sirop de citron, puis remuez délicatement le tout.
3. Réservez la salade de fruits 1 ou 2 heures au réfrigérateur. Au moment de servir, parsemez de noix de coco râpée.

Si cette recette vous plaît, vous aimerez aussi…

17
Salade d'AGRUMES AU MIEL

21
Salade de MELONS & SIROP AU GINGEMBRE

22
Salade de FRUITS TROPICAUX

Salade aux TROIS FRUITS & SAUCE AU MIEL

- 1 melon cantaloup
- 2 kiwis
- 150 g de petits grains de raisin noir sans pépin

Pour la sauce au miel

- 3 cuill. à soupe de jus de citron vert
- 1 cuill. à soupe de miel liquide
- 1/2 cuill. à café de cannelle en poudre

Pour servir

- Le zeste de 1 citron vert non traité

Pour 4 personnes • Préparation : 15 min • Réfrigération : 1h • Difficulté : 1

1. Coupez le melon en deux. Épépinez-le, pelez-le, puis détaillez la chair en dés. Pelez les kiwis et tranchez-les. Rincez le raisin. Dans un saladier de service, réunissez tous les fruits et remuez délicatement.
2. Préparez la sauce au miel. Dans un bol, mélangez tous les ingrédients à l'aide d'un fouet. Versez la sauce sur la salade de fruits et réservez 1 heure au réfrigérateur.
3. Parsemez de zeste de citron vert et servez.

Salade de MELONS & SIROP AU GINGEMBRE

- 1/4 de petite pastèque
- 1 petit melon cantaloup
- 1 petit melon d'Espagne

Pour le sirop au gingembre

- 25 cl d'eau
- 100 g de sucre en poudre
- 2 cuill. à soupe de gingembre haché
- 25 g de menthe ciselée

Pour 4 à 6 personnes • Préparation : 15 min • Refroidissement : 30 min • Réfrigération : 1h • Cuisson : 7 min • Difficulté : 1

1. Préparez le sirop au gingembre. Dans une casserole, mélangez l'eau avec le sucre et le gingembre sur feu moyen. Portez à ébullition. Baissez le feu, puis laissez mijoter 5 minutes à feu doux. Arrêtez le feu et laissez refroidir 30 minutes. Passez le mélange dans un chinois au-dessus d'un bol, puis incorporez la menthe au sirop.
2. Coupez la pastèque en morceaux et les melons en deux. Épépinez les melons, pelez-les, puis détaillez la chair en dés. Dans un saladier de service, mélangez les morceaux de fruits. Arrosez de sirop au gingembre, réservez 1 heure au réfrigérateur, puis servez.

Salade de FRUITS TROPICAUX

Pour 4 à 6 personnes • Préparation : 25 min • Réfrigération : 1 ou 2 h • Difficulté : 1

- 1 petite mangue
- 1 petite papaye
- 1/2 petit ananas
- 3 kiwis
- 3 clémentines
- 3 fruits de la Passion

Pour le coulis

- 300 g de framboises
- 50 g de sucre en poudre
- Le zeste râpé de 1/2 orange non traitée

1. Pelez la mangue, la papaye, l'ananas et les kiwis. Dénoyautez la mangue, puis épépinez la papaye. Coupez tous ces fruits en morceaux et rassemblez-les dans un grand saladier. Épluchez les clémentines, puis émincez-les et mélangez-les aux morceaux de fruits. Ouvrez les fruits de la Passion en deux. Prélevez la pulpe à l'aide d'une cuillère et incorporez-la au contenu du saladier.
2. Préparez le coulis. Rincez les framboises. Mettez-les dans un petit saladier avec le sucre et le zeste d'orange, puis écrasez le tout avec une fourchette. Passez le coulis dans un chinois au-dessus du grand saladier, puis réservez 1 ou 2 heures au réfrigérateur et servez.

Salade MANGUES & FRUITS ROUGES

Pour 4 personnes • Préparation : 15 min • Réfrigération : 2 h • Difficulté : 1

- 2 mangues
- 300 g de fraises
- 300 g d'autres fruits rouges (framboises, mûres et myrtilles)
- 2 cuill. à soupe de sucre en poudre
- 2 cuill. à soupe de jus de citron vert ou jaune

1. Pelez les mangues, dénoyautez-les et détaillez la chair en dés. Rincez les fruits rouges. Équeutez les fraises et tranchez-les. Réunissez tous les fruits dans un saladier, puis saupoudrez de sucre. Arrosez de jus de citron et remuez délicatement.
2. Réservez 2 heures au réfrigérateur, puis servez.

Salade de FRUITS ROUGES

Pour 4 à 6 personnes • Préparation : 15 min • Réfrigération : 2 ou 3 h • Cuisson : 3 ou 4 min • Difficulté : 1

- 300 g de fraises
- 300 g de framboises
- 150 g de mûres
- 150 g de cassis

Pour le sirop

- 30 cl de vin blanc sec
- 50 g de sucre en poudre
- 1 cuill. à café de zeste de citron non traité
- 1 clou de girofle

1. Préparez le sirop. Dans une casserole, réunissez tous les ingrédients. Portez à ébullition, puis laissez mijoter 1 ou 2 minutes, jusqu'à ce que le sucre soit dissous. Ôtez du feu et laissez légèrement refroidir.
2. Rincez les fruits. Équeutez les fraises, puis tranchez-les. Dans un saladier de service, mélangez délicatement tous les fruits. Nappez-les de sirop tiède, puis laissez refroidir 1 heure.
3. Réservez la salade de fruits 1 ou 2 heures au réfrigérateur. Retirez le clou de girofle, puis servez.

Salade de FRUITS JAUNES & CERISES

Pour 6 à 8 personnes • Préparation : 20 min • Réfrigération : 1 ou 2 h • Difficulté : 1

- 2 pêches mûres
- 8 abricots mûrs
- 2 nectarines mûres
- 1 mangue
- 300 g de cerises
- 1 cuill. à soupe de sucre en poudre
- 4 cuill. à soupe de vin blanc moelleux

Pour servir

- 1 cuill. à soupe de menthe ciselée

1. Rincez les pêches, les abricots et les nectarines, puis ouvrez-les en deux. Pelez la mangue. Dénoyautez tous les fruits jaunes et détaillez-les en morceaux. Rincez les cerises, puis coupez-les en deux et dénoyautez-les. Dans un grand saladier, mélangez tous les morceaux de fruits.
2. Saupoudrez de sucre. Arrosez de vin, puis réservez 1 ou 2 heures au réfrigérateur.
3. Répartissez la salade de fruits et son jus dans six à huit tasses. Garnissez de menthe, puis servez.

Fruits d'ÉTÉ AU FOUR

- 1 morceau de gingembre de 2,5 cm
- 4 pêches ou nectarines
- 3 grosses prunes rouges
- 6 abricots
- 3 grosses prunes jaunes ou 3 reines-claudes
- 7 cuill. à soupe de sucre roux en poudre
- 150 g de myrtilles
- 150 g de framboises

Pour servir (facultatif)

- Sucre roux en poudre
- 250 g de yaourt allégé nature ou à la vanille

Pour 4 à 6 personnes • Préparation : 25 min • Cuisson : 20 à 30 min • Difficulté : 1

1. Préchauffez le four à 180 °C (therm. 6). Pelez le gingembre et râpez-le. Rincez tous les fruits. Coupez les pêches et les prunes rouges en quatre, puis les abricots et les prunes jaunes en deux. Dénoyautez-les.
2. Placez les morceaux de pêche et d'abricot dans un plat profond de 30 cm de diamètre allant au four, côté coupé dessus. Parsemez de gingembre, puis saupoudrez de 2 cuillerées à soupe de sucre. Ajoutez les morceaux de prune et les myrtilles. Saupoudrez du reste de sucre, puis enfournez et laissez cuire de 20 à 30 minutes.
3. Sortez le plat du four. Incorporez les framboises à la préparation. Si vous le souhaitez, ajoutez du sucre et servez chaud ou à température ambiante avec du yaourt.

Poires POCHÉES AU SAFRAN

- 6 poires

Pour le sirop
- 1 gousse de vanille
- 1 l de vin blanc
- 400 g de sucre en poudre
- 2 cuill. à café de pistils de safran
- Le zeste et le jus de 2 oranges non traitées

Pour servir (facultatif)
- Yaourt allégé à la vanille ou nature

Pour 6 personnes • Préparation : 15 min • Refroidissement : 15 min • Cuisson : 35 à 40 min • Difficulté : 2

1. Préparez le sirop. Fendez la gousse de vanille dans le sens de la longueur à l'aide d'un couteau, puis mettez-la dans une casserole avec tous les autres ingrédients. Portez à ébullition sur feu moyen. Baissez le feu et laissez mijoter 15 minutes.
2. Pendant ce temps, pelez les poires. Plongez-les dans le sirop et laissez frémir de 20 à 25 minutes. Arrêtez le feu, puis laissez les poires refroidir 15 minutes dans le liquide.
3. Servez les poires chaudes, éventuellement avec du yaourt.

Originaires des régions tropicales, les bananes sont vendues tout au long de l'année. Vous pouvez donc préparer cette recette quelle que soit la saison, au gré de vos envies !

Bananes & RAISINS SECS AU CARAMEL

- 15 g de beurre salé
- 1 ½ cuill. à soupe d'huile de noix
- 2 cuill. à soupe de miel liquide
- 2 cuill. à soupe de sucre roux en poudre
- 3 cuill. à soupe de lait écrémé
- 1 cuill. à soupe de raisins secs
- 4 bananes fermes mûres (500 g)
- 2 cuill. à soupe de rhum brun ou de jus de pomme

Pour 4 à 6 personnes • Préparation : 15 min • Cuisson : 8 à 10 min • Difficulté : 2

1. Faites fondre le beurre dans une casserole à feu moyen. Incorporez 1 cuillerée à soupe d'huile de noix, le miel et le sucre à l'aide d'un fouet, puis remuez jusqu'à ce que le sucre soit dissous. Arrosez de lait et laissez mijoter 2 ou 3 minutes sans cesser de remuer. Ôtez du feu, puis incorporez les raisins secs au caramel. Réservez au chaud.
2. Pelez les bananes, puis coupez-les en deux dans le sens de la longueur. Badigeonnez une grande poêle avec le reste de l'huile. Faites revenir les bananes à feu vif 3 ou 4 minutes, puis réservez-les dans un saladier. Versez le rhum dans la poêle et portez à ébullition. Grattez le fond de la poêle avec une cuillère en bois, puis laissez mijoter 30 secondes. Remettez les bananes dans la poêle pour les réchauffer.
3. Répartissez les fruits dans des bols. Nappez-les de caramel et servez chaud.

Si cette recette vous plaît, vous aimerez aussi...

Fruits D'ÉTÉ AU FOUR

Poires POCHÉES AU CHOCOLAT

Ananas FLAMBÉ

Crumble POMMES & RHUBARBE

- 3 pommes
- 2 cuill. à soupe d'eau
- 3 cuill. à soupe de sucre en poudre
- 500 g de rhubarbe

Pour la pâte à crumble

- 100 g de muesli
- 50 g de farine
- 1 ½ cuill. à café de levure chimique
- 50 g sucre roux en poudre
- 60 g de beurre ramolli

Pour 4 personnes • Préparation : 15 min • Cuisson : 30 à 35 min • Difficulté : 1

1. Préchauffez le four à 200 °C (therm. 6-7). Huilez légèrement quatre ramequins ou moules à soufflé de 25 cl et disposez-les sur une plaque de cuisson. Pelez les pommes, puis évidez-les et coupez-les en dés. Dans une casserole, mélangez-les avec l'eau et le sucre. Portez à ébullition, puis laissez mijoter 3 minutes à couvert à feu doux. Rincez la rhubarbe, égouttez-la et coupez-la en petits tronçons. Incorporez-les à la préparation, puis laissez mijoter de 10 à 15 minutes.
2. Pendant ce temps, préparez la pâte à crumble. Dans un saladier, mélangez tous les ingrédients.
3. Répartissez la préparation à base de fruits dans les ramequins. Recouvrez uniformément de pâte, puis enfournez pour 15 minutes. Servez chaud.

Cobbler POMMES & FRUITS ROUGES

- 150 de framboises
- 150 g de myrtilles
- 2 pommes
- 2 cuill. à soupe de sucre roux en poudre
- 1/2 cuill. à café de cannelle en poudre
- 1 cuill. à café de zeste de citron non traité râpé
- 2 cuill. à café de jus de citron
- 1 ½ cuill. à soupe de fécule de maïs

Pour la pâte

- Le blanc de 1 gros œuf
- 4 cuill. à soupe de lait de soja
- 1 pincée de sel
- 1/2 cuill. à café d'extrait de vanille
- 2 cuill. à soupe de sucre roux en poudre
- 120 g de farine complète

Pour 6 personnes • Préparation : 20 min • Cuisson : 30 à 40 min • Difficulté : 1

1. Préchauffez le four à 180 °C (therm. 6). Huilez légèrement six ramequins de 18 cl. Rincez les framboises et les myrtilles. Pelez les pommes, puis évidez-les et coupez-les en dés. Dans un saladier, mélangez les fruits avec le sucre, la cannelle, le zeste et le jus de citron. Incorporez la fécule de maïs à la préparation, puis réservez le tout.
2. Préparez la pâte. Dans un grand bol, fouettez légèrement le blanc d'œuf. Incorporez le lait de soja, le sel, l'extrait de vanille, le sucre et la farine au blanc d'œuf battu.
3. Répartissez la préparation à base de fruits dans les ramequins, puis recouvrez de pâte. Disposez les ramequins sur une plaque de cuisson. Enfournez et laissez cuire de 30 à 40 minutes : les fruits doivent être tendres et la pâte doit être dorée. Servez chaud.

Généralement acide, la rhubarbe crée un équilibre parfait avec la meringue sucrée de ce dessert.

Compote de RHUBARBE MERINGUÉE

- 500 g de rhubarbe
- 50 g de sucre en poudre
- Le zeste râpé de 1 orange non traitée
- 2 ou 3 cuill. à soupe de confiture de fraise
- Les jaunes de 2 gros œufs

Pour la meringue

- Les blancs de 2 gros œufs
- 50 g de sucre en poudre

Pour 4 personnes • Préparation : 30 min • Cuisson : 55 min à 1h05 • Difficulté : 2

1. Préchauffez le four à 180 °C (therm. 6). Huilez légèrement six ramequins de 18 cl. Rincez la rhubarbe, égouttez-la, puis coupez-la en morceaux. Rassemblez-les dans un plat allant au four. Saupoudrez de sucre, de zeste d'orange, et remuez délicatement le tout. Couvrez, puis enfournez et laissez cuire de 35 à 40 minutes.
2. Sortez le plat du four. Incorporez la confiture de fraise et les jaunes d'œufs à la préparation, puis répartissez-la dans les ramequins. Posez-les sur une plaque de cuisson et enfournez pour 10 minutes.
3. Préparez la meringue. Dans un saladier, montez les blancs d'œufs en neige. Incorporez le sucre en continuant de fouetter jusqu'à obtention d'une neige ferme.
4. Augmentez la température du four à 200 °C (therm. 6-7). Répartissez les œufs en neige sur la préparation aux fruits, puis remettez les ramequins au four et laissez cuire de 10 à 15 minutes. Servez chaud.

Si cette recette vous plaît, vous aimerez aussi...

Crumble POMMES & RHUBARBE

Cobbler POMMES & FRUITS ROUGES

Crumble aux PÊCHES

Poires POCHÉES AU CHOCOLAT

- 1 morceau de gingembre de 5 cm
- 12 cl de miel liquide
- 2 l d'eau
- 4 poires mûres fermes
- 120 g de chocolat noir

Pour 4 personnes • Préparation : 15 min • Refroidissement : 15 min • Cuisson : 20 à 25 min • Difficulté : 1

1. Dans une casserole à feu vif, mélangez le gingembre avec le miel et l'eau. Baissez le feu, puis laissez mijoter 5 minutes à feu moyen.
2. Pelez les poires, puis coupez-les en deux et retirez le cœur à l'aide d'une cuillère. Déposez délicatement les demi-poires dans la casserole. Laissez mijoter de 10 à 15 minutes pour que les fruits soient tendres, puis laissez-les refroidir dans le liquide.
3. Faites fondre le chocolat au bain-marie. Retirez les poires du liquide de pochage et répartissez-les dans quatre assiettes. Arrosez d'un filet de chocolat fondu, puis servez.

Ananas FLAMBÉ

- 1 gros ananas mûr
- 15 g de beurre
- 4 à 6 clous de girofle
- 50 g de sucre en poudre
- 6 cuill. à soupe de cognac

Pour 6 personnes • Préparation : 15 min • Cuisson : 10 à 15 min • Difficulté : 1

1. Pelez l'ananas, coupez la chair en rondelles et retirez le cœur du fruit. Dans une grande poêle à feu moyen, faites fondre le beurre et mettez les rondelles d'ananas à revenir avec les clous de girofle et le sucre pendant 2 ou 3 minutes. Retournez délicatement les fruits pour les faire dorer des deux côtés.
2. Versez 3 cuillerées à soupe de cognac dans la poêle et laissez mijoter jusqu'à ce qu'il soit évaporé. Arrosez du reste du cognac, puis faites-le flamber avec une allumette. Quand le feu est éteint, répartissez les rondelles d'ananas dans six assiettes. Arrosez du mélange de cuisson, puis servez.

Choisissez des variétés de poire très parfumées pour réaliser cette recette comme la williams en été ou la conférence en automne.

Poires au FOUR À LA RICOTTA

- 4 poires bio mûres fermes
- 120 g de ricotta
- 1/2 cuill. à café de cannelle
- 4 cuill. à soupe de miel liquide
- 12 amaretti (biscuits italiens aux amandes)

Pour 4 personnes • Préparation : 20 min • Cuisson : 20 à 25 min • Difficulté : 1

1. Préchauffez le four à 170 °C (therm. 5-6). Coupez les poires en deux. Disposez-les dans un plat profond allant au four, côté coupé dessus, puis retirez le cœur avec une petite cuillère. Déposez 1 ou 2 cuillerées à café bombées de ricotta au centre de chaque demi-poire. Saupoudrez de cannelle et arrosez de miel, puis enfournez pour 10 minutes.
2. Sortez le plat du four. Émiettez les amaretti sur la ricotta. Enfournez de nouveau et laissez cuire de 10 à 15 minutes. Servez chaud.

Si cette recette vous plaît, vous aimerez aussi...

Poires POCHÉES AU SAFRAN

Poires POCHÉES AU CHOCOLAT

Gâteau aux AMANDES & POIRES POCHÉES

Cobbler POMMES & MYRTILLES

- 2 grosses pommes
- 1 cuill. à soupe de jus de citron
- 2 cuill. à soupe de sucre roux en poudre
- 2 cuill. à soupe de fécule de maïs
- 1 cuill. à café de cannelle en poudre
- 300 g de myrtilles

Pour la pâte

- 120 g de farine
- 120 g de farine complète
- 2 cuill. à soupe de sucre roux en poudre
- 1 ½ cuill. à café de levure chimique
- 1 pincée de sel
- 4 cuill. à soupe d'huile de colza
- 12 cl de lait écrémé
- 1 cuill. à café d'extrait de vanille

Pour 4 personnes • Préparation : 30 min • Cuisson : 25 à 30 min • Difficulté : 1

1. Huilez légèrement un plat allant au four. Pelez les pommes, puis évidez-les et tranchez-les finement. Mettez-les dans un saladier et arrosez-les de jus de citron. Dans un bol, mélangez le sucre avec la fécule de maïs et la cannelle. Ajoutez-le tout dans le saladier. Rincez les myrtilles, puis incorporez-les à la préparation. Transférez l'ensemble dans le plat huilé.
2. Préparez la pâte. Dans un saladier, mélangez les farines avec le sucre, la levure et le sel. Ajoutez l'huile et mélangez à l'aide d'une fourchette jusqu'à obtention d'une pâte sableuse. Incorporez le lait et l'extrait de vanille à la pâte. Farinez le plan de travail, puis pétrissez rapidement la pâte. Étalez-la sur 5 mm et coupez-la avec des emporte-pièces. Rassemblez les chutes de pâte et répétez l'opération jusqu'à ce qu'il ne reste plus de pâte.
3. Disposez les morceaux de pâte sur la préparation, puis enfournez et laissez cuire de 25 à 30 minutes. Servez chaud.

Clafoutis RAISINS & AMANDES

- 1 kg de raisin blanc sans pépin
- 4 gros œufs
- 75 g d'amandes en poudre
- 30 cl de crème fraîche liquide allégée
- 15 cl de lait écrémé
- 3 cuill. à soupe de sucre en poudre
- 1 cuill. à café d'extrait de vanille

Pour servir

- 250 g de yaourt nature ou à la vanille à 0 % de matières grasses

Pour 6 à 8 personnes • Préparation : 15 min • Cuisson : 30 à 35 min • Difficulté : 1

1. Préchauffez le four à 180 °C (therm. 6). Huilez légèrement un plat ovale allant au four. Rincez le raisin, égrenez-le, puis étalez les grains dans le plat.
2. Dans un saladier, fouettez les œufs avec les amandes en poudre, la crème fraîche, le lait, le sucre et l'extrait de vanille. Versez la préparation dans le plat.
3. Enfournez et laissez cuire de 30 à 35 minutes. Servez chaud, avec du yaourt.

Fruit estival par excellence, la pêche est riche en sucres naturels, comme le sucrose, le fructose et le glucose, il ne faut donc ajouter que très peu de sucre à ce dessert. Préparez ce crumble avec des pêches parfumées, bien colorées et à la peau fine, il sera ainsi encore plus savoureux !

Crumble aux PÊCHES

- 8 pêches jaunes mûres
- Le jus de 1 citron

Pour la pâte à crumble

- 75 g de farine complète
- 50 g de petits flocons d'avoine
- 50 g de sucre roux en poudre
- 1/2 cuill. à café de cannelle en poudre
- 1 pincée de noix de muscade en poudre
- 45 g de beurre salé

Pour servir

- 250 g de yaourt nature ou à la vanille à 0 % de matières grasses

Pour 6 personnes • Préparation : 15 min • Cuisson : 20 à 30 min • Difficulté : 1

1. Préchauffez le four à 190 °C (therm. 6-7). Huilez légèrement un moule à tarte de 25 cm de diamètre. Pelez les pêches, puis coupez-les en deux. Dénoyautez-les et tranchez la chair. Disposez les tranches de pêche dans le plat et arrosez-les de jus de citron.
2. Préparez la pâte à crumble. Dans un saladier, mélangez la farine avec les flocons d'avoine, le sucre, la cannelle et la noix de muscade. Incorporez le beurre du bout des doigts à la préparation.
3. Répartissez la pâte sur les pêches, puis enfournez et laissez cuire de 20 à 30 minutes. Servez chaud, avec du yaourt.

Si cette recette vous plaît, vous aimerez aussi...

Clafoutis RAISINS & AMANDES

Crumble aux POMMES

Tarte aux PRUNES

Crumble aux POMMES

- 4 grosses pommes granny smith
- 1 cuill. à café de piment de la Jamaïque

Pour la pâte à crumble
- 150 g de petits flocons d'avoine
- 50 g de son d'avoine
- 50 g de farine complète
- 2 cuill. à soupe de sucre roux en poudre
- 1 cuill. à café de cannelle en poudre
- 40 g de beurre ramolli
- 2 cuill. à soupe d'amandes effilées

Pour 4 personnes • Préparation : 20 min • Cuisson : 45 min • Difficulté : 1

1. Préchauffez le four à 180 °C (therm. 6). Pelez les pommes, puis évidez-les et tranchez-les. Mélangez-les dans un saladier avec le piment. Transférez la préparation dans un plat allant au four. Couvrez d'une feuille d'aluminium et enfournez pour 15 minutes.
2. Préparez la pâte à crumble. Dans le bol d'un robot, réunissez les flocons d'avoine, le son d'avoine, la farine, le sucre, la cannelle et le beurre. Mixez jusqu'à obtention d'une pâte sableuse, puis incorporez les amandes effilées à la pâte.
3. Répartissez la pâte sur les pommes en la pressant délicatement avec le dos d'une cuillère. Enfournez pour 30 minutes, puis servez chaud.

Crumble POMMES & CIDRE

- 5 pommes golden delicious
- 25 cl de cidre
- 1/2 cuill. à café de cannelle en poudre
- 1 cuill. à café d'extrait de vanille
- 15 g de beurre salé

Pour la pâte à crumble

- 3 tranches de pain complet
- 15 g de beurre salé
- 3 cuill. à soupe de cerneaux de noix hachés
- 2 cuill. à soupe de sucre roux en poudre
- 1/2 cuill. à café de cannelle en poudre

Pour 4 à 6 personnes • Préparation : 15 min • Cuisson : 42 min • Difficulté : 1

1. Préchauffez le four à 180 °C (therm. 6). Pelez les pommes, puis évidez-les et tranchez-les finement. Dans une casserole, réunissez les tranches de pomme, le cidre, la cannelle, l'extrait de vanille et le beurre, puis faites chauffer le tout 10 minutes à feu moyen en remuant régulièrement.
2. Préparez la pâte à crumble. Coupez le pain en dés, puis mettez-les dans le bol d'un robot et mixez grossièrement jusqu'à obtention d'une chapelure. Transférez-la dans un saladier. Faites fondre le beurre dans une petite casserole et versez-le sur la chapelure. Incorporez les noix, le sucre et la cannelle au contenu du saladier.
3. Répartissez les pommes dans un plat à tarte de 23 cm de diamètre. Recouvrez de pâte, puis enfournez pour 30 minutes. Servez chaud.

Les pommes sont excellentes pour la santé. Les nutriments les plus bénéfiques de ces fruits se trouvant dans la peau, il est préférable de consommer cette dernière. Privilégiez donc les pommes bio !

Pommes au FOUR FAÇON STREUSEL

- 4 grosses pommes à cuire bio
- 50 g de sucre roux en poudre
- 30 g de petits flocons d'avoine
- 2 cuill. à soupe de dattes hachées
- 1/2 cuill. à café de cannelle en poudre
- 1/2 cuill. à café de gingembre en poudre
- 20 g de beurre salé

Pour 4 personnes • Préparation : 15 min • Cuisson : 45 à 50 min • Difficulté : 1

1. Préchauffez le four à 180 °C (therm. 6). Évidez les pommes jusqu'à mi-hauteur à l'aide d'un vide-pomme, puis placez-les debout dans un plat profond allant au four juste assez grand pour les contenir toutes.
2. Dans un saladier, mélangez le sucre avec les flocons d'avoine, les dattes, la cannelle et le gingembre. Remplissez les pommes de cette préparation, puis répartissez le surplus sur les fruits. Déposez 1 noix de beurre sur chaque pomme.
3. Enfournez et laissez cuire de 45 à 50 minutes, pour que les pommes soient tendres. Arrosez de jus de cuisson, puis servez chaud.

Si cette recette vous plaît, vous aimerez aussi...

Cobbler POMMES & MYRTILLES

Crumble POMMES & CIDRE

Strudel aux POMMES

Strudel aux POMMES

- 750 g de pommes granny smith
- 1 cuill. à soupe de sucre en poudre
- 1/2 cuill. à café de cannelle en poudre
- 2 cuill. à soupe d'eau froide
- 8 feuilles de pâte filo
- Huile d'olive
- 4 cuill. à soupe de chapelure

Pour servir

- Sucre glace
- 180 g de yaourt allégé à la vanille

Pour 4 personnes • Préparation : 20 min • Cuisson : 40 min • Difficulté : 2

1. Préchauffez le four à 190 °C (therm. 6-7). Pelez les pommes, puis évidez-les et tranchez-les. Tapissez une plaque de cuisson de papier sulfurisé. Dans une grande poêle à feu moyen, mélangez les tranches de pomme avec le sucre, la cannelle et l'eau. Faites mijoter 10 minutes, puis laissez refroidir.
2. Pendant ce temps, déroulez une feuille de pâte filo sur le plan de travail. À l'aide d'un pinceau, badigeonnez-la d'un peu d'huile, puis parsemez de chapelure. Superposez une feuille de pâte filo sur la première, puis répétez l'opération jusqu'à épuisement des ingrédients, en terminant par 1 feuille de pâte.
3. Déposez la préparation à base de pommes au centre du rectangle de pâte. Rabattez les bords étroits sur la garniture, puis chaque longueur afin de l'envelopper uniformément. Transférez le strudel sur la plaque de cuisson, jointure dessous, et vaporisez-le d'huile. Enfournez pour 30 minutes, puis saupoudrez de sucre glace et servez chaud, avec du yaourt.

Tarte aux PRUNES

- 2 cuill. à soupe de confiture de framboise épépinée
- 6 grosses prunes rouges (500 g)

Pour la pâte

- 100 g de farine complète
- 70 g de farine
- 2 cuill. à soupe d'huile de noix ou de colza
- 15 g de beurre
- 1 cuill. à soupe de sucre en poudre
- 1 pincée de sel
- 1 cuill. à soupe d'eau glacée
- 50 g de sucre roux en poudre
- 1 cuill. à soupe de germes de blé

Pour 4 à 6 personnes • Préparation : 20 min • Réfrigération : 30 min • Cuisson : 45 à 50 min • Difficulté : 2

1. Préchauffez le four à 200 °C (therm. 6-7). Préparez la pâte. Dans un saladier, mélangez les farines avec l'huile, le beurre, le sucre et le sel jusqu'à obtention d'une pâte sableuse. Versez l'eau dans le saladier et remuez jusqu'à obtention d'une pâte souple. Façonnez une boule de pâte, enveloppez-la de film alimentaire et réservez 30 minutes au réfrigérateur.
2. Étalez la pâte et disposez-la dans un moule à tarte de 20 cm de diamètre. Ôtez la pâte en surplus et rassemblez les chutes dans un saladier. Réservez le fond de tarte. Incorporez du bout des doigts le sucre et les germes de blé aux morceaux de pâte dans le saladier.
3. Dans une casserole, faites chauffer la confiture à feu doux. Rincez les prunes, puis ouvrez-les en deux et dénoyautez-les. Coupez la chair en tranches et disposez-les sur le fond de tarte. Badigeonnez-les de confiture, puis parsemez de pâte aux germes de blé. Enfournez et laissez cuire de 45 à 50 minutes. Servez chaud.

Desserts frais & glacés

Panna cotta aux FRUITS DE LA PASSION

- 25 cl de lait demi-écrémé
- 2 bâtons de cannelle
- 500 g de yaourt allégé à la vanille
- 4 cuill. à soupe d'eau bouillante
- 1 cuill. à soupe de gélatine en poudre
- 2 fruits de la Passion

Pour 4 personnes • Préparation : 15 min • Réfrigération : 6 h • Cuisson : 5 min • Difficulté : 2

1. Dans une casserole, réunissez le lait et la cannelle. Portez à ébullition à feu moyen, puis ôtez du feu et laissez refroidir à température ambiante. Retirez la cannelle du lait et jetez-la.
2. Dans un saladier, mélangez le lait avec le yaourt. Versez l'eau bouillante dans un bol, puis saupoudrez de gélatine. Remuez à l'aide d'une fourchette jusqu'à ce que la gélatine soit dissoute et incorporez le tout au contenu du saladier. Répartissez la préparation dans quatre ramequins de 18 cl. Posez-les sur un plat, puis couvrez de film alimentaire et réservez 6 heures au réfrigérateur.
3. Glissez délicatement la lame d'un couteau entre les panna cotta et le bord des ramequins, puis démoulez-les sur des assiettes. Coupez les fruits de la Passion en deux. Prélevez la pulpe avec une cuillère, puis répartissez-la sur les panna cotta et servez.

Si cette recette vous plaît, vous aimerez aussi...

Crèmes CARAMEL

Crèmes BRÛLÉES

Crèmes à la VANILLE

Pour un sorbet aux saveurs prononcées, choisissez du chocolat noir à forte teneur en cacao (70 % minimum).

Sorbet au CHOCOLAT

- 60 cl d'eau
- 75 g de cacao en poudre non sucré
- 200 g de sucre en poudre
- 90 g de chocolat noir
- 2 cuill. à café d'extrait de vanille

Pour servir (facultatif)

- Gaufrettes ou biscuits allégés

Pour 4 à 6 personnes • Préparation : 15 min + le temps de brassage • Réfrigération : 30 min • Cuisson : 5 min • Difficulté : 2

1. Portez l'eau à ébullition dans une casserole à feu moyen. Délayez le cacao avec 2 ou 3 cuillerées à soupe d'eau bouillante dans un bol. Ajoutez le cacao délayé et le sucre dans la casserole. Baissez le feu, puis laissez mijoter 5 minutes à feu doux en remuant régulièrement. Ôtez du feu.
2. Hachez finement le chocolat. Ajoutez-le dans la casserole avec l'extrait de vanille et remuez jusqu'à ce qu'il ait fondu. Couvrez, puis laissez refroidir à température ambiante. Réservez 30 minutes au réfrigérateur.
3. Versez la préparation dans une sorbetière et mettez celle-ci en marche jusqu'à ce que le sorbet soit pris. Placez-le au congélateur ou servez-le aussitôt éventuellement avec des gaufrettes.

Si cette recette vous plaît, vous aimerez aussi...

Mousse au CHOCOLAT

Crème au CHOCOLAT

Mousse AVOCAT & CHOCOLAT

SELFRIDGES

Glace YAOURT & AMANDES

- 500 g de yaourt nature à 0 % de matières grasses
- 25 cl de lait de soja allégé à la vanille, froid
- 6 cuill. à soupe de miel liquide
- 1 cuill. à soupe d'huile de colza
- 1/2 cuill. à café d'extrait d'amandes amères
- 30 g d'amandes décortiquées entières

Pour servir

- 1 cuill. à soupe d'amandes effilées

Pour 4 à 6 personnes • Préparation : 10 min + le temps de brassage • Difficulté : 1

1. Dans un saladier, fouettez le yaourt avec le lait de soja, le miel, l'huile et l'extrait d'amandes amères. Transvasez la préparation dans une sorbetière et mettez celle-ci en marche.
2. Pendant ce temps, hachez grossièrement les amandes. Quand la glace est presque onctueuse, ajoutez les amandes hachées dans la sorbetière, puis brassez pendant 2 minutes.
3. Placez au congélateur ou servez la glace parsemée d'amandes effilées.

Glace à la VANILLE

- 2 cuill. à soupe d'eau
- 1 ½ cuill. à café de gélatine en poudre
- 1 gousse de vanille
- 75 cl de lait écrémé
- Les jaunes de 3 gros œufs
- 400 g de lait concentré sucré à 0 % de matières grasses

Pour servir

- Cacao en poudre non sucré

Pour 6 personnes • Préparation : 15 min + le temps de brassage • Réfrigération : 1h • Cuisson : 10 min • Difficulté : 2

1. Versez l'eau dans un bol. Saupoudrez-le de gélatine et réservez le tout. Égrenez la gousse de vanille au-dessus d'une casserole, puis ajoutez 40 cl de lait et la gousse vide. Portez à frémissement sur feu moyen.
2. Fouettez les jaunes d'œufs dans un saladier avec le lait concentré. Incorporez le lait chaud sans cesser de battre. Reversez dans la casserole, puis faites cuire la préparation en remuant avec une cuillère en bois, jusqu'à ce qu'elle nappe le dos de la cuillère. Passez la crème dans un chinois au-dessus d'un saladier. Incorporez la gélatine et le reste du lait en fouettant. Réservez 1 heure au réfrigérateur.
3. Transvasez la préparation dans une sorbetière et mettez celle-ci en marche jusqu'à obtention d'une glace onctueuse. Placez-la au congélateur ou servez saupoudré de cacao.

Les sorbets sont généralement composés d'un sirop de sucre additionné de jus de fruits, de vin ou de liqueur. Ils sont pauvres en graisses, car ils sont confectionnés sans produit laitier. Il existe toutefois des variantes qui en contiennent. Si vous suivez un régime pauvre en graisses, utilisez des produits laitiers allégés.

Sorbet au CITRON & FRUITS ROUGES

- Le zeste haché de 1 citron non traité
- 25 cl d'eau froide
- 100 g de sucre en poudre
- 12 cl de jus de citron
- 12 cl d'eau minérale gazeuse

Pour servir

- Fruits rouges
- Zeste de citron non traité

Pour 4 personnes • Préparation : 15 min + le temps de brassage • Cuisson : 5 min • Difficulté : 2

1. Dans une casserole à feu vif, mélangez le zeste de citron avec l'eau et le sucre. Portez à ébullition, puis baissez le feu et faites mijoter 5 minutes à feu moyen. Arrêtez le feu et laissez refroidir le sirop.
2. Dans un saladier, mélangez le sirop avec le jus de citron et l'eau minérale. Transvasez la préparation dans une sorbetière et mettez celle-ci en marche jusqu'à ce que le sorbet soit pris.
3. Placez-le au congélateur ou répartissez-le dans des verres. Rincez les fruits rouges. Parsemez le sorbet de fruits, puis garnissez de lamelles de zeste de citron et servez aussitôt.

Si cette recette vous plaît, vous aimerez aussi...

54

Sorbet à la FRAISE

54

Sorbet à la PÊCHE

56

Sorbet ANANAS & ORANGE

Yaourt GLACÉ AU CAFÉ

Pour 4 personnes • Préparation : 10 min • Difficulté : 1

- 500 g de yaourt glacé allégé à la vanille
- 2 cuill. à soupe de liqueur de café (type Kahlúa)
- 12 cl d'expresso chaud

1. Détaillez le yaourt glacé en boules et répartissez-les dans quatre tasses à café.
2. Dans un bol, mélangez la liqueur de café avec l'expresso. Arrosez le yaourt glacé du mélange et servez aussitôt.

Sorbet à la FRAISE

Pour 4 personnes • Préparation : 10 min + le temps de brassage • Refroidissement : 30 min • Cuisson : 4 ou 5 min • Difficulté : 1

- 100 g de sucre en poudre
- 50 cl d'eau
- 450 g de fraises
- 300 g de yaourt nature à 0 % de matières grasses

1. Dans une casserole à feu moyen, réunissez le sucre et l'eau. Portez à ébullition, puis laissez mijoter 2 ou 3 minutes en remuant constamment pour dissoudre le sucre. Ôtez du feu et laissez refroidir le sirop 30 minutes.
2. Rincez les fraises. Équeutez-les, puis hachez-les. Mélangez-les avec le sirop de sucre. Incorporez le yaourt à la préparation, puis transvasez le tout dans le bol d'un robot et mixez jusqu'à obtention d'une purée onctueuse.
3. Transvasez la préparation dans une sorbetière et mettez-la en marche jusqu'à ce que le sorbet soit pris. Servez aussitôt ou placez au congélateur.

Sorbet à la PÊCHE

Pour 6 à 8 personnes • Préparation : 15 min + le temps de brassage • Refroidissement : 30 min • Cuisson : 5 min • Difficulté : 2

- 350 g de sucre en poudre
- 40 cl d'eau
- 750 g de pêches blanches mûres
- Le jus de 2 citrons
- Le blanc de 1 gros œuf

1. Dans une casserole à feu moyen, réunissez le sucre et l'eau. Portez à ébullition, puis laissez mijoter 3 minutes en remuant jusqu'à ce que le sucre soit dissous. Ôtez du feu et laissez refroidir 30 minutes.
2. Pelez les pêches. Ouvrez-les en deux et dénoyautez-les. Coupez la chair en tranches et mettez-les dans le bol d'un robot. Mixez jusqu'à obtention d'une purée lisse, puis incorporez-la au sirop de sucre avec le jus de citron.
3. Dans un saladier, montez le blanc d'œuf en neige ferme avec un batteur électrique. Incorporez-le à la purée de pêche. Transvasez le tout dans une sorbetière, puis mettez-la en marche jusqu'à ce que le sorbet soit pris. Servez aussitôt ou placez au congélateur.

Granité AU PAMPLEMOUSSE

Pour 6 personnes • Préparation : 20 min + le temps de congélation • Refroidissement : 30 minutes • Congélation : au moins 3 h • Cuisson : 2 ou 3 min • Difficulté : 2

- 150 g de sucre en poudre
- 4 cuill. à soupe d'eau
- 50 cl de jus de pamplemousse
- 18 cl de Campari (alcool italien de couleur rouge)

1. Dans une casserole, mélangez le sucre avec l'eau. Portez à ébullition, puis arrêtez le feu.
2. Dans un saladier, mélangez le jus de pamplemousse avec le Campari. Incorporez le sirop de sucre au mélange, puis laissez refroidir 30 minutes.
3. Transvasez la préparation dans une boîte allant au congélateur. Couvrez de film alimentaire, puis réservez 1 ou 2 heures au congélateur. Quand le granité est presque pris, brisez-le en gros cristaux à l'aide d'une fourchette. Remettez la boîte 1 heure au congélateur, puis répétez l'opération. Procédez ainsi toutes les 30 minutes, jusqu'à obtention d'une texture grenue. Servez aussitôt ou réservez au congélateur.

3.

Ce sorbet composé d'ananas frais et de jus d'orange est riche en vitamines. De plus, l'orange et l'ananas sont peu caloriques et se marient très bien ensemble.

Sorbet ANANAS & ORANGE

- 12 cl d'eau
- 100 g de sucre en poudre
- 1 petit ananas
- 50 cl de jus d'orange
- 2 cuill. à café de zeste d'orange non traité râpé
- 1 cuill. à soupe de jus de citron

Pour 4 à 6 personnes • Préparation : 15 min + le temps de brassage • Réfrigération : 30 min • Cuisson : 5 min • Difficulté : 2

1. Dans une casserole, réunissez l'eau et le sucre. Portez à ébullition sur feu moyen en remuant délicatement jusqu'à ce que le sucre soit dissous. Arrêtez le feu.
2. Pelez l'ananas, ôtez le cœur et coupez-le en morceaux. Mettez-les dans le bol d'un robot et mixez jusqu'à obtention d'une purée homogène. Transférez-la dans un saladier en métal. Incorporez le sirop de sucre, le jus d'orange, le zeste d'orange et le jus de citron à la purée d'ananas. Réservez 30 minutes au réfrigérateur.
3. Transvasez la préparation dans une sorbetière et mettez celle-ci en marche jusqu'à ce que le sorbet soit pris. Servez aussitôt ou placez au congélateur.

Si cette recette vous plaît, vous aimerez aussi...

52

Sorbet au CITRON & FRUITS ROUGES

54

Sorbet à la FRAISE

58

Sorbet MELON & BASILIC

Sorbet MELON & BASILIC

- 750 g de chair de melon cantaloup
- 6 feuilles de basilic
- 6 cuill. à soupe de jus d'orange
- 150 g de sucre en poudre
- 1 pincée de sel

Pour servir

- Quelques feuilles de basilic

Pour 6 personnes • Préparation : 15 min + le temps de brassage • Réfrigération : 1h • Difficulté : 1

1. Coupez le melon en dés. Rassemblez 500 g de melon dans le bol d'un robot avec le basilic, le jus d'orange, le sucre et le sel. Mixez 30 secondes jusqu'à obtention d'une purée homogène. Versez-la dans un saladier et réservez 1 heure au réfrigérateur.
2. Transvasez la préparation dans une sorbetière et mettez celle-ci en marche jusqu'à ce que le sorbet soit pris.
3. Répartissez le reste des dés de melon dans six coupes, puis ajoutez des boules de sorbet. Agrémentez de basilic et servez aussitôt.

Granité FRAMBOISES & CITRON

- 150 g de sucre en poudre
- 1 cuill. à soupe de zeste de citron non traité râpé
- 75 cl d'eau
- 450 g de framboises
- 12 cl de jus de citron

Pour 4 à 6 personnes • Préparation : 15 min + le temps de congélation • Congélation : au moins 3 h • Cuisson : 15 à 20 min • Difficulté : 1

1. Dans une casserole, réunissez le sucre, le zeste de citron et 40 cl d'eau. Portez à ébullition sur feu moyen, en remuant jusqu'à ce que le sucre soit dissous. Arrêtez le feu. Rincez les framboises, puis incorporez-les au sirop de sucre. Laissez refroidir à température ambiante.
2. Transférez la préparation dans le bol d'un robot et mixez jusqu'à obtention d'une purée lisse. Passez-la dans un chinois au-dessus d'un saladier. Incorporez le jus de citron et le reste de l'eau à la préparation.
3. Transvasez dans une boîte allant au congélateur. Couvrez de film alimentaire, puis réservez 1 ou 2 heures au congélateur. Quand le granité est presque pris, brisez-le en cristaux avec une fourchette. Remettez la boîte 1 heure au congélateur, puis répétez l'opération. Procédez ainsi toutes les 30 minutes, jusqu'à obtention d'une texture grenue. Servez aussitôt ou réservez au congélateur.

Servez ces délicieux bâtonnets glacés en été, au goûter ou à la fin d'un copieux repas de famille.

Bâtonnets GLACÉS AUX TROIS FRUITS

- 450 g de fraises
- 6 cuill. à soupe de miel liquide
- 3 grosses pêches jaunes mûres
- 5 gros kiwis

Pour 8 personnes • Préparation : 30 min • Congélation : 6 h • Difficulté : 2

1. Rincez les fraises, puis équeutez-les et mettez-les dans un saladier. Mixez-les à l'aide d'un mixeur à main jusqu'à obtention d'une purée. Passez-la dans un chinois au-dessus d'un autre récipient, puis incorporez 2 cuillerées à soupe de miel. Versez le tout dans huit moules à sucettes jusqu'à ce qu'ils soient remplis d'un tiers. Réservez 2 heures au congélateur.
2. Pelez les pêches, puis dénoyautez-les et coupez la chair en tranches. Mettez-les dans un saladier et réduisez-les en purée avec un mixeur à main. Passez-la dans un chinois au-dessus d'un autre récipient, puis incorporez 2 cuillerées à soupe de miel. Versez la purée dans les moules à sucettes jusqu'aux deux tiers. Réservez 2 heures au congélateur.
3. Pelez les kiwis. Coupez-les en tranches, puis mettez-les dans un saladier. À l'aide d'un mixeur à main, réduisez-les en purée. Passez-la dans un chinois au-dessus d'un bol, puis incorporez le reste du miel. Versez la purée de kiwis dans les moules jusqu'à ce qu'ils soient remplis et réservez-les 2 heures au congélateur.

Si cette recette vous plaît, vous aimerez aussi...

56

Sorbet ANANAS & ORANGE

58

Sorbet MELON & BASILIC

59

Granité FRAMBOISES & CITRON

Crème de TOFU AU CITRON

- 1 cuill. à soupe de zeste de citron non traité râpé
- 4 cuill. à soupe de jus de citron
- 12 cl de miel liquide
- 350 g de tofu
- 150 g de framboises

Pour 4 personnes • Préparation : 10 min • Difficulté : 1

1. Dans le bol d'un robot, réunissez le zeste de citron, le jus de citron, le miel et le tofu. Mixez jusqu'à obtention d'une crème onctueuse.
2. Répartissez la crème dans quatre verrines. Rincez les framboises, égouttez-les puis disposez-les sur les crèmes au citron. Réservez au réfrigérateur jusqu'au moment de servir.

Mousse à la BANANE

- 2 bananes
- 4 cuill. à soupe de lait demi-écrémé
- 4 cuill. à café de sucre en poudre
- 1 cuill. à café d'extrait de vanille
- 250 g de yaourt nature allégé

Pour servir

- 15 framboises

Pour 4 personnes • Préparation : 15 min • Réfrigération : 2 h • Difficulté : 1

1. Pelez les bananes, puis coupez-les en rondelles et mettez-les dans le bol d'un robot avec le lait, le sucre et l'extrait de vanille. Mixez 15 secondes à vitesse rapide jusqu'à obtention d'une mousse onctueuse. Transvasez-la dans un saladier.
2. Incorporez le yaourt à la mousse. Répartissez la préparation dans quatre verrines, puis couvrez de film alimentaire et réservez 2 heures au réfrigérateur.
3. Rincez les framboises, puis égouttez-les bien. Disposez-les sur les mousses, puis servez.

Le melon cantaloup est pauvre en calories, mais riche en nutriments. Pour choisir un melon mûr, trois critères sont importants : le parfum (il doit être prononcé), le poids (le melon doit être lourd) et le pédoncule (la peau doit être craquelée autour du pédoncule, signe que le melon a été cueilli à maturité).

Mousse au MELON

- 250 g de yaourt au citron allégé
- 250 g de yaourt nature à 0 % de matières grasses
- 4 cuill. à soupe d'eau
- 2 cuill. à soupe de sucre en poudre
- 4 feuilles de menthe
- 4 cuill. à soupe de jus de citron
- Le zeste de 1 citron non traité
- 2 cuill. à soupe de fromage frais
- 1 petit melon cantaloup (750 g)
- 1 petit melon d'Espagne (500 g)

Pour servir

- 6 feuilles de menthe

Pour 6 personnes • Préparation : 15 min • Égouttage : 12h • Repos : 30 min • Réfrigération : 30 min • Cuisson : 4 ou 5 min • Difficulté : 1

1. La veille, placez un chinois au-dessus d'un saladier. Versez les yaourts dans le chinois et réservez 1 nuit au réfrigérateur.
2. Le jour même, transvasez le yaourt dans une boîte hermétique et réservez au réfrigérateur. Dans une casserole, réunissez l'eau, le sucre, la menthe, le jus et le zeste de citron. Portez à ébullition. Ôtez du feu, puis laissez reposer 30 minutes. Jetez la menthe et le zeste de citron. Faites bouillir le sirop 4 minutes à feu vif, puis versez-le dans un bol. Couvrez et réservez 30 minutes au réfrigérateur.
3. Incorporez le fromage frais et le sirop au yaourt égoutté. Pelez les melons, épépinez-les, puis coupez la chair en petits dés et réservez en une poignée au frais. Mettez le reste dans le bol d'un robot et mixez jusqu'à obtention d'une purée lisse. Ajoutez la préparation à base de yaourt dans le bol du robot, puis mixez par à-coups pour mélanger le tout. Répartissez la préparation dans six verrines. Servez avec les dés de melon réservés, puis agrémentez de 1 feuille de menthe.

Si cette recette vous plaît, vous aimerez aussi...

62
Crème de TOFU AU CITRON

63
Mousse à la BANANE

72
Parfait aux FRUITS

Mousse au CHOCOLAT

- 90 g de chocolat noir
- 1 cuill. à soupe de cacao en poudre non sucré
- 1/2 cuill. à café de café soluble
- 1/2 cuill. à café d'extrait de vanille
- 2 cuill. à soupe d'eau bouillante
- Les blancs de 2 gros œufs
- 1 cuill. à soupe de sucre en poudre
- 120 g de yaourt à la grecque allégé

Pour servir

- 12 framboises

Pour 4 personnes • Préparation : 15 min • Réfrigération : 12 h • Cuisson : 5 à 10 min • Difficulté : 1

1. La veille, faites fondre le chocolat au bain-marie. Dans un saladier, mélangez le cacao avec le café, l'extrait de vanille et l'eau bouillante. Versez le tout sur le chocolat fondu, puis remuez sur une eau à peine frémissante jusqu'à ce que le mélange soit homogène. Ôtez du feu et laissez refroidir légèrement la préparation.
2. Dans un saladier, montez les blancs d'œufs en neige avec un batteur électrique. Incorporez délicatement le sucre aux œufs en neige jusqu'à ce qu'ils soient épais et brillants. Versez le yaourt dans la préparation chocolatée, puis incorporez progressivement les œufs en neige. Répartissez la mousse au chocolat dans des bols. Réservez 1 nuit au réfrigérateur.
3. Le jour même, rincez les framboises, égouttez-les bien et disposez-les sur la mousse au chocolat, puis servez.

Crème au CHOCOLAT

- 60 cl de lait écrémé
- 150 g de sucre en poudre
- 1 pincée de sel
- 100 g de cacao en poudre non sucré
- 2 cuill. à soupe de fécule de maïs
- 1 gros œuf
- 1 cuill. à café d'extrait de vanille

Pour 4 personnes • Préparation : 15 min • Cuisson : 10 min • Difficulté : 2

1. Dans une casserole, réunissez 40 cl de lait, 70 g de sucre et le sel. Portez à ébullition sur feu moyen en remuant régulièrement.
2. Dans un saladier, mélangez le reste du sucre avec le cacao et la fécule de maïs. Incorporez successivement le lait restant, puis le lait chaud à la préparation, à l'aide d'un fouet. Reversez le tout dans la casserole, puis laissez mijoter 3 minutes à feu moyen sans cesser de battre pour obtenir une crème épaisse et brillante. Ôtez du feu.
3. Dans un autre saladier, fouettez légèrement l'œuf, puis arrosez-le de 25 cl de crème au chocolat sans cesser de mélanger. Reversez l'ensemble dans la casserole et faites cuire la crème 2 minutes en la fouettant constamment, sans laisser bouillir. Incorporez l'extrait de vanille à la crème et servez.

Idéal en été, ce dessert appétissant et léger associe la douceur parfumée des framboises à la fraîcheur du yaourt.

Yaourt MERINGUÉ À LA FRAMBOISE

- Les blancs de 4 gros œufs
- 150 g de sucre en poudre
- 1/2 cuill. à café d'extrait de vanille
- 300 g de framboises
- 2 cuill. à soupe de sucre glace
- 2 cuill. à soupe d'eau
- 250 g de yaourt allégé nature ou à la vanille, allégé ou à 0 % de matières grasses

Pour 6 personnes • Préparation : 15 min • Cuisson : 15 min • Difficulté : 2

1. Préchauffez le four à 150 °C (therm. 5). Badigeonnez six moules à muffin d'huile végétale.
2. Dans un saladier, montez les blancs d'œufs en neige avec un batteur électrique. Incorporez progressivement le sucre et l'extrait de vanille aux œufs en neige en continuant de fouetter, jusqu'à ce qu'ils soient fermes et brillants. Répartissez cette préparation dans les moules à muffin. Couvrez d'une feuille d'aluminium en laissant assez d'espace pour permettre à la meringue de gonfler. Enfournez pour 15 minutes. Laissez légèrement refroidir, puis démoulez délicatement les meringues.
3. Rincez les framboises. Dans un grand saladier, écrasez 150 g de fruits avec le sucre glace jusqu'à obtention d'un coulis. Incorporez l'eau à la préparation, puis passez le coulis à travers un chinois au-dessus d'un bol.
4. Répartissez le yaourt dans six coupes. Ajoutez une meringue, puis parsemez du reste des framboises. Nappez de coulis et servez.

Si cette recette vous plaît, vous aimerez aussi...

Compote de RHUBARBE MERINGUÉE

Mousse à la BANANE

Sabayon AGRUMES & YAOURT

Tortillas RICOTTA & FRUITS ROUGES

- 4 tortillas de blé de 15 cm de diamètre
- 8 cuill. à soupe de confiture de framboise épépinée
- 250 g de ricotta allégée
- 150 g de framboises
- 150 g de fraises
- 150 g de myrtilles

Pour 4 personnes • Préparation : 15 min • Cuisson : 10 min • Difficulté : 1

1. Préchauffez le four à 180 °C (therm. 6). Posez les tortillas sur une grande plaque de cuisson, puis tartinez-les de 1 cuillerée à soupe de confiture de framboise. Enfournez pour 10 minutes. Laissez refroidir à température ambiante.
2. Tartinez chaque tortilla avec le quart de la ricotta, en laissant un peu d'espace près du bord. Rincez les fruits rouges. Équeutez les fraises, puis coupez-les en tranches. Répartissez uniformément les fruits sur la ricotta. Badigeonnez du reste de la confiture de framboise et servez.

Tiramisu aux FRUITS ROUGES

- 200 g de sucre en poudre
- 25 cl d'eau
- 150 g de myrtilles
- 150 g de framboises
- 250 g de ricotta allégée
- 150 g de fromage frais allégé
- 1 cuill. à café d'extrait de vanille
- 40 cl de café noir fort
- 4 cuill. à soupe de xérès sec (vin espagnol)
- 8 boudoirs
- 1 cuill. à soupe de chocolat noir râpé

Pour 4 personnes • Préparation : 25 min • Réfrigération : 4 h • Cuisson : 8 ou 9 min • Difficulté : 1

1. Dans une casserole, faites fondre 130 g de sucre dans l'eau à feu doux. Augmentez le feu et laissez mijoter 5 minutes. Pendant ce temps, rincez les myrtilles et les framboises. Ajoutez-les dans la casserole, puis prolongez la cuisson de 2 minutes, en remuant. Ôtez du feu et laissez refroidir.
2. Dans le bol d'un robot, réunissez la ricotta, le fromage frais, l'extrait de vanille et le reste du sucre. Mixez jusqu'à obtention d'une crème onctueuse.
3. Dans un saladier, mélangez le café avec le xérès. Cassez chaque boudoir en trois. Plongez brièvement les boudoirs dans le café au marsala, puis répartissez-les dans quatre verres. Couvrez d'un peu de préparation à la ricotta, ajoutez des myrtilles et des framboises, puis répétez l'opération avec le reste des ingrédients. Parsemez de chocolat râpé. Réservez 4 heures au réfrigérateur et servez.

Parfaits aux FRUITS

Pour 4 à 6 personnes • Préparation : 15 min • Difficulté : 1

- 500 g de yaourt allégé à la vanille
- 150 g de framboises
- 1 petit ananas (environ 500 g)

1. Répartissez le yaourt dans quatre à six verrines.
2. Rincez les framboises, puis égouttez-les bien. Pelez l'ananas, ôtez le cœur et coupez la chair en petits dés. Répartissez les framboises et les morceaux d'ananas dans les verrines, puis servez.

Crème aux AGRUMES

Pour 6 personnes • Préparation : 40 min • Réfrigération : 12 h • Cuisson : 10 min • Difficulté : 1

- 50 cl de crème fraîche liquide
- 100 g de sucre en poudre
- 6 cuill. à soupe de jus de citron
- 2 cuill. à soupe d'eau
- 2 cuill. à café de gélatine en poudre
- 1 orange
- 1 orange sanguine
- 1 citron vert

1. La veille, dans une casserole, réunissez la crème fraîche et le sucre, puis remuez à feu doux jusqu'à ce que le sucre soit dissous. Faites bouillir la crème 5 minutes à feu moyen, puis ôtez du feu. Dans une autre casserole, mélangez le jus de citron avec l'eau. Saupoudrez de gélatine, puis laissez reposer 5 minutes. Faites chauffer le liquide à feu doux en remuant jusqu'à ce que la gélatine soit dissoute. Laissez légèrement refroidir, puis incorporez-la à la crème fraîche sucrée. Passez le tout à travers un chinois au-dessus d'un saladier. Répartissez la préparation dans six verrines et réservez 1 nuit au réfrigérateur.
2. Le jour même, pelez les agrumes à vif, puis détaillez-les en segments en retirant les membranes blanches. Disposez les morceaux d'agrumes sur les crèmes et servez.

Sabayon AGRUMES & YAOURT

Pour 6 à 8 personnes • Préparation : 20 min • Réfrigération : 1 h • Difficulté : 1

- 4 cuill. à soupe de vin blanc moelleux
- 30 g de sucre glace
- 4 cuill. à soupe de jus de citron
- 2 cuill. à café de zeste de citron non traité râpé
- 500 g de yaourt à la grecque allégé
- 4 oranges

1. Réunissez le vin, le sucre glace, le jus et le zeste de citron dans un bol. Remuez jusqu'à ce que le sucre soit dissous. Dans un saladier, incorporez lentement ce mélange au yaourt à l'aide d'un fouet jusqu'à obtention d'une crème homogène.
2. Pelez les oranges à vif, puis détaillez-les en segments. Répartissez la moitié de la crème au citron dans des coupes, puis couvrez de la moitié des morceaux d'orange. Répétez l'opération avec le reste de la crème et des fruits.
3. Couvrez et réservez au moins 1 heure au réfrigérateur, puis servez.

Charlotte aux FRUITS ROUGES

Pour 4 personnes • Préparation : 30 min • Réfrigération : 12 h + 3 h • Cuisson : 5 à 10 min • Difficulté : 3

- 18 tranches de pain de mie
- 450 g de fruits rouges (fraises, myrtilles, framboises et groseilles)
- 100 g de sucre en poudre
- 12 cl d'eau

Pour servir

- 18 cl de yaourt nature ou à la vanille, allégé ou à 0 % de matières grasses

1. La veille, tapissez de film alimentaire quatre moules à muffin de 25 cl en le laissant dépasser. Retirez la croûte du pain, puis découpez dans la mie quatre cercles du diamètre du fond des moules et quatre cercles du diamètre du haut des moules. Détaillez le reste de la mie en bandes de 2 cm de large.
2. Rincez les fruits, puis rassemblez-les dans une casserole avec le sucre et l'eau. Faites mijoter de 5 à 10 minutes à feu moyen. Plongez-y les quatre petits cercles de mie, puis disposez-les dans les moules. Plongez les bandes de mie dans le sirop et placez-les sur les bords. Sortez les fruits de la casserole avec une écumoire et répartissez-les dans les moules. Recouvrez des grands cercles de mie, puis arrosez de sirop de fruits. Rabattez le film alimentaire sur la mie et réservez 1 nuit au réfrigérateur. Le jour même, servez les charlottes avec du yaourt.

Voici un mariage de saveurs sucrées-salées surprenant qui fait de ce dessert vitaminé un pur délice…

Mousse AVOCAT & CHOCOLAT

- 3 avocats
- 75 g de cacao en poudre non sucré
- 90 g de miel liquide
- 1 cuill. à café d'extrait de vanille

Pour servir

- Gros sel

Pour 4 personnes • Préparation : 10 min • Difficulté : 1

1. Coupez les avocats en deux. Pelez-les, dénoyautez-les, puis hachez la chair. Mettez-la dans le bol d'un robot avec le cacao, le miel et l'extrait de vanille. Mixez jusqu'à obtention d'une mousse onctueuse.
2. Répartissez cette préparation dans quatre verrines. Salez légèrement, puis servez aussitôt.

Si cette recette vous plaît, vous aimerez aussi…

Mousse au CHOCOLAT

Crème au CHOCOLAT

Gâteau de RIZ AU CHOCOLAT

Gâteau de RIZ AU CHOCOLAT

- 2 cuill. à soupe de cacao en poudre non sucré
- 120 g de sucre en poudre
- 1 pincée de gros sel
- 1,25 l de lait écrémé
- 15 g de beurre
- 200 g de riz blanc rond (type arborio)
- 60 g de chocolat noir
- 4 cuill. à soupe de Frangelico (liqueur italienne à base de noisettes)
- 6 cuill. à soupe de yaourt à la grecque à 0 % de matières grasses
- 1 cuill. à soupe de blanc d'œuf
- 60 g de noisettes émondées

Pour 6 personnes • Préparation : 15 min • Réfrigération : 2 h • Cuisson : 50 min • Difficulté : 2

1. Dans une casserole à feu moyen, fouettez le cacao avec 100 g de sucre, le sel et le lait. Portez à ébullition, puis ôtez du feu. Dans une autre casserole, faites fondre le beurre. Ajoutez le riz et prolongez la cuisson de 2 minutes en remuant constamment. Arrosez de lait chocolaté. Portez à ébullition, puis laissez mijoter 30 minutes à feu doux en remuant régulièrement. Ôtez du feu.
2. Hachez le chocolat, puis intégrez-le à la préparation avec le Frangelico et remuez jusqu'à ce que le chocolat ait fondu. Transvasez le tout dans un saladier. Réservez 2 heures au réfrigérateur, puis incorporez le yaourt.
3. Préchauffez le four à 150 °C (therm. 5). Dans un saladier, battez le blanc d'œuf. Hachez les noisettes, puis incorporez-les au blanc d'œuf avec le reste de sucre. Étalez la préparation sur une plaque de cuisson. Enfournez pour 15 minutes en remuant régulièrement, puis transférez sur une grille et laissez refroidir. Répartissez le gâteau de riz dans des bols, parsemez de meringue et servez.

Gâteau de RIZ & FRUITS ROUGES

- 150 g de riz blanc rond (type arborio)
- 50 g de sucre en poudre
- 75 cl de lait demi-écrémé
- 1 cuill. à café d'extrait de vanille
- 1 pincée de noix de muscade
- 1 lamelle de zeste de citron non traité
- Quelques fruits rouges (myrtilles, framboises, groseilles)

Pour 4 personnes • Préparation : 15 min • Cuisson : 2 h • Difficulté : 1

1. Préchauffez le four à 150 °C (therm. 5). Beurrez un plat de 1 l allant au four.
2. Réunissez le riz et le sucre dans le plat. Arrosez de lait et d'extrait de vanille, puis mélangez le tout. Saupoudrez de noix de muscade. Ajoutez le zeste de citron, puis enfournez pour 2 heures.
3. Rincez les fruits rouges. Si vous utilisez des fraises, équeutez-les et coupez-les en tranches. Répartissez le gâteau de riz dans des petits bols, puis agrémentez de fruits et servez.

Ces crèmes au caramel allégées feront autant sensation auprès de vos convives à la fin d'un bon repas que leur version classique !

Crèmes CARAMEL

- 200 g de sucre en poudre
- 2 cuill. à soupe d'eau froide
- 2 gros œufs
- Les blancs de 2 gros œufs
- 75 cl de lait écrémé
- 1 cuill. à café d'extrait de vanille

Pour 8 personnes • Préparation : 20 min • Réfrigération : 4 h • Cuisson : 45 à 55 min • Difficulté : 1

1. Préchauffez le four à 180 °C (therm. 6). Dans une casserole, réunissez 130 g de sucre et l'eau froide, puis faites chauffer le tout à feu moyen en faisant pivoter la casserole régulièrement jusqu'à obtention d'un caramel doré. Versez le caramel dans huit ramequins de 18 cl et placez-les au congélateur.
2. Dans un saladier, fouettez les œufs avec les blancs d'œufs et le reste du sucre, jusqu'à ce que le mélange soit homogène. Incorporez le lait et l'extrait de vanille à la préparation sans cesser de fouetter, puis versez le tout dans les ramequins, sur le caramel. Placez les ramequins dans un plat profond allant au four. Versez de l'eau bouillante dans le plat jusqu'à mi-hauteur des ramequins pour une cuisson au bain-marie. Enfournez et laissez cuire de 40 à 50 minutes. Laissez refroidir. Couvrez, puis réservez au moins 4 heures au réfrigérateur.
3. Démoulez les crèmes sur des assiettes à dessert et servez.

Si cette recette vous plaît, vous aimerez aussi…

47
Panna cotta aux FRUITS DE LA PASSION

80
Crèmes BRÛLÉES

81
Crèmes à la VANILLE

Crèmes BRÛLÉES

- 1 gousse de vanille
- 30 cl de crème fraîche liquide allégée
- 4 cuill. à soupe de lait écrémé
- Les jaunes de 3 gros œufs
- 50 g de sucre en poudre
- 100 g de sucre roux en poudre

Pour 4 personnes • Préparation : 20 min • Macération : 1 h • Réfrigération : 4 h • Cuisson : 40 à 50 min • Difficulté : 1

1. Préchauffez le four à 150 °C (therm. 5). Huilez quatre ramequins de 18 cl. Fendez la gousse de vanille dans le sens de la longueur, égrenez-la au-dessus d'une casserole et ajoutez la crème fraîche et le lait. Portez à ébullition sur feu moyen. Ôtez du feu et laissez macérer 1 heure.
2. Dans un saladier, battez les jaunes d'œufs avec le sucre en poudre à l'aide d'un batteur électrique jusqu'à ce que le mélange blanchisse. Incorporez la crème à la vanille à cette préparation, passez le tout à travers un chinois au-dessus d'un autre récipient, puis versez dans les ramequins. Posez-les dans un plat profond allant au four. Versez de l'eau bouillante dans le plat jusqu'à mi-hauteur des ramequins. Enfournez et laissez cuire de 35 à 45 minutes. Laissez refroidir, puis réservez au moins 4 heures au réfrigérateur.
3. Allumez le gril du four à température maximale. Saupoudrez les crèmes de sucre roux, puis enfournez jusqu'à ce que le sucre soit doré. Servez chaud.

Crèmes à la VANILLE

- 50 cl de lait écrémé
- 100 g de sucre en poudre
- 1 cuill. à café d'extrait de vanille
- 2 gros œufs

Pour 4 personnes • Préparation : 15 min • Réfrigération : 4 h • Cuisson : 17 à 22 min • Difficulté : 1

1. Préchauffez le four à 140 °C (therm. 4-5). Huilez quatre ramequins de 18 cl. Dans une casserole, mélangez le lait avec le sucre et l'extrait de vanille. Portez à frémissement en remuant pour dissoudre le sucre. Ôtez du feu et laissez refroidir quelques minutes.
2. Dans un saladier, fouettez les œufs jusqu'à ce qu'ils soient mousseux. Incorporez lentement le lait aux œufs battus, sans cesser de fouetter.
3. Répartissez la crème à la vanille dans les ramequins, puis placez-les dans un plat profond allant au four. Versez de l'eau bouillante dans le plat jusqu'à mi-hauteur des ramequins pour une cuisson au bain-marie. Enfournez pour 15 à 20 minutes pour que la crème soit juste prise. Laissez refroidir. Réservez au moins 4 heures au réfrigérateur, puis servez.

Gâteaux petits & grands

Gâteau CHOCOLAT, AMANDES & FRAMBOISES

- 300 g de sucre en poudre
- 120 g de farine de blé type 55
- 75 g d'amandes en poudre
- 120 g de cacao en poudre non sucré
- 1 cuill. à café de levure chimique
- 1/2 cuill. à café de sel
- 2 gros œufs
- 18 cl d'eau chaude
- 18 cl de lait écrémé
- 30 g de beurre
- 1 cuill. à café d'extrait de vanille

Pour le glaçage

- 250 g de sucre en poudre
- 4 cuill. à soupe d'eau
- 1 ½ cuill. à soupe de sirop d'érable
- Les blancs de 5 gros œufs
- 3/4 de cuill. à café d'extrait de vanille
- Colorant alimentaire rose
- 1 pincée de sel

Pour servir

- Framboises

Pour 12 personnes • Préparation : 45 min • Cuisson : 1h • Difficulté : 3

1. Préchauffez le four à 180 °C (therm. 6). Huilez deux moules à gâteau de 20 cm de diamètre, puis tapissez-les de papier sulfurisé.
2. Dans un saladier, mélangez le sucre avec la farine, les amandes en poudre, le cacao, la levure et le sel. Dans un bol, battez légèrement les œufs. Ajoutez-les dans le saladier avec l'eau chaude, le lait, le beurre et l'extrait de vanille, puis fouettez jusqu'à obtention d'une pâte onctueuse. Répartissez-la dans les moules. Enfournez pour 1 heure, puis posez les moules sur une grille et laissez refroidir les génoises.
3. Préparez le glaçage. Dans un récipient résistant à la chaleur, réunissez le sucre, l'eau, le sirop d'érable et les blancs d'œufs. Faites chauffer l'ensemble au bain-marie sur une eau à peine frémissante en fouettant régulièrement le tout jusqu'à ce que le sucre soit dissous. Fouettez la préparation chaude 7 minutes à l'aide d'un batteur électrique jusqu'à ce qu'elle soit ferme. Incorporez l'extrait de vanille, le colorant et le sel à la préparation.
4. Posez 1 génoise sur un plat. Tartinez-la de 50 cl de glaçage, puis ajoutez la seconde génoise. Nappez le dessus et les bords du gâteau avec le reste du glaçage. Rincez les framboises, puis disposez-les sur le gâteau et servez.

La ricotta allégée est aussi douce et crémeuse que sa version classique, mais contient environ trois fois moins de matières grasses. Voici donc un dessert aussi bon pour le moral que pour la ligne !

Gâteau à la RICOTTA & COMPOTÉE D'ABRICOTS

- 100 g de sucre en poudre
- 1 kg de ricotta fraîche allégée
- 120 g de lemon curd (crème anglaise à base de citron, en vente dans les épiceries anglaises)
- 1 cuill. à café d'extrait de vanille
- 1 cuill. à soupe de zeste de citron non traité râpé
- 50 g de fécule de maïs
- 4 gros œufs

Pour la compotée d'abricots

- 250 g d'abricots secs
- 2 cuill. à soupe de vin doux moelleux
- 1/2 cuill. à café de pistils de safran
- 30 cl d'eau froide
- 200 g de sucre en poudre
- 6 gousses de cardamome
- 1 bâton de cannelle

Pour servir

- Sucre glace

Pour 8 à 12 personnes • Préparation : 45 min • Réfrigération : 1 ou 2 h • Cuisson : 1 h à 1 h 10 • Difficulté : 2

1. Préchauffez le four à 170 °C (therm. 5-6) et huilez un moule à manqué de 20 cm de diamètre. Préparez la compotée d'abricots. Dans un saladier, réunissez les abricots secs, le vin et le safran, puis laissez reposer 1 heure.
2. Pendant ce temps, préparez le gâteau. Dans le bol d'un robot, mixez le sucre avec la ricotta, le lemon curd, l'extrait de vanille, le zeste de citron et la fécule de maïs. Battez légèrement les œufs dans un petit récipient, puis versez-les dans le bol du robot. Mixez jusqu'à obtention d'une pâte onctueuse. Transvasez-la dans le moule, puis lissez sa surface. Enfournez et laissez cuire de 40 à 45 minutes : la pointe d'un couteau piquée au centre du gâteau doit en ressortir propre. Arrêtez le four, puis entrouvrez la porte et laissez le gâteau refroidir complètement. Réservez 1 ou 2 heures au réfrigérateur.
3. Dans une casserole à feu doux, mélangez l'eau avec le sucre en remuant jusqu'à ce qu'il soit dissous. Écrasez légèrement les gousses de cardamome, puis ajoutez-les dans la casserole avec les abricots, le vin, le safran et la cannelle. Laissez mijoter à feu doux de 15 à 20 minutes. Laissez refroidir, puis saupoudrez le gâteau de sucre glace. Couvrez-le de compotée d'abricots et servez.

Gâteau aux AMANDES & POIRES POCHÉES

- 180 g d'amandes grillées
- 1 cuill. à café de fécule de maïs
- 4 gros œufs
- 150 g de sucre en poudre
- 2 cuill. à café de zeste de citron non traité râpé
- 1/2 cuill. à café d'extrait de vanille
- 1/2 cuill. à café de sel

Pour les poires pochées

- 4 poires fermes mûres
- 1 l d'eau
- 180 g de sucre en poudre
- 1 bâton de cannelle
- Le zeste de 1 citron non traité

Pour servir

- 25 cl de yaourt allégé à la vanille

Pour 8 personnes • Préparation : 45 min • Cuisson : 1h à 1h15 • Difficulté : 2

1. Préchauffez le four à 180 °C (therm. 6) et huilez un moule à manqué de 23 cm de diamètre. Dans le bol d'un robot, réunissez les amandes grillées et la fécule de maïs, puis mixez-les finement. Cassez les œufs dans deux saladiers en séparant les blancs des jaunes. Fouettez les jaunes avec le sucre, le zeste de citron, l'extrait de vanille et le sel jusqu'à ce que le mélange blanchisse, puis incorporez les amandes hachées à la préparation. Montez les blancs d'œufs en neige ferme, mélangez-les à la préparation, puis versez le tout dans le moule. Enfournez pour 25 à 30 minutes : la pointe d'un couteau piquée au centre du gâteau doit en ressortir propre. Laissez refroidir dans le moule.
2. Préparez les poires pochées. Pelez les poires, puis coupez-les en quatre et retirez le cœur. Dans une casserole, réunissez les autres ingrédients. Portez à ébullition, puis plongez les fruits dans le liquide et laissez mijoter 15 minutes à feu doux. Transférez les poires dans un plat avec une écumoire. Portez le liquide de pochage à ébullition, puis laissez-le mijoter de 15 à 20 minutes jusqu'à obtention d'un sirop épais. Laissez-le refroidir. Servez le gâteau avec les poires, le sirop et du yaourt.

Gâteau à la CAROTTE

- 75 cl d'eau
- 150 g de carottes râpées
- 300 g de farine
- 400 g de sucre en poudre
- 2 cuill. à café de bicarbonate de soude
- 2 cuill. à café de cannelle en poudre
- 12 cl d'huile d'olive vierge extra
- 12 cl de compote de pommes
- Les blancs de 5 gros œufs
- 2 cuill. à café d'extrait de vanille
- 100 g d'ananas en conserve
- 30 g de cerneaux de noix hachés
- 75 g de noix de coco râpée

Pour le glaçage

- 120 g de fromage frais à 0 % de matières grasses
- 120 g de sucre glace
- 3/4 de cuill. à café d'extrait de vanille
- 1 cuill. à café de jus de citron

Pour 8 à 10 personnes • Préparation : 30 min • Cuisson : 1h10 • Difficulté : 1

1. Préchauffez le four à 180 °C (therm. 6). Huilez un moule à gâteau de 20 x 30 cm, puis saupoudrez-le de farine. Dans une casserole, réunissez l'eau et les carottes râpées. Portez à ébullition et laissez mijoter 5 minutes. Égouttez les carottes râpées, puis laissez-les refroidir. Dans un saladier, mélangez la farine avec le sucre, le bicarbonate de soude et la cannelle. Dans un autre récipient, fouettez l'huile avec la compote, les blancs d'œufs et l'extrait de vanille. Incorporez le contenu du saladier à la préparation jusqu'à obtention d'une pâte homogène.
2. Égouttez les morceaux d'ananas, puis écrasez-les. Incorporez-les à la pâte, avec les noix, les carottes râpées et la noix de coco. Versez la pâte dans le moule. Enfournez pour 1 heure, puis laissez refroidir 10 minutes. Démoulez le gâteau et laissez-le refroidir complètement.
3. Préparez le glaçage. Dans un saladier, fouettez le fromage frais. Ajoutez les autres ingrédients, puis mélangez jusqu'à obtention d'un glaçage onctueux et nappez-en le gâteau.

Servez ce gâteau copieux lors d'un brunch. Il vous procurera assez d'énergie pour tenir toute la journée.

Gâteau DATTES & NOIX

- 120 g de gros flocons d'avoine
- 25 cl d'eau bouillante
- 50 g de sucre roux en poudre
- 4 cuill. à soupe de miel
- 4 cuill. à soupe d'huile d'olive vierge extra
- 2 gros œufs
- 1 cuill. à café d'extrait de vanille
- 120 g de farine
- 75 g de farine complète
- 1 cuill. à café de cannelle en poudre
- 1/2 cuill. à café de bicarbonate de soude
- 1 pincée de noix de muscade
- 1 pincée de sel
- 6 cuill. à soupe de lait écrémé
- 30 g de dattes dénoyautées
- 2 cuill. à soupe de cerneaux de noix hachés

Pour la sauce au miel

- 12 cl de lait écrémé
- 1 pincée de noix de muscade
- 4 cuill. à soupe de miel

Pour 8 personnes • Préparation : 25 min • Repos : 20 min • Cuisson : 35 à 40 min • Difficulté : 2

1. Préchauffez le four à 180 °C (therm. 6) et huilez un moule à manqué de 23 cm de diamètre. Dans un saladier, mélangez les flocons d'avoine avec l'eau bouillante. Laissez reposer 20 minutes, puis incorporez le sucre, le miel et l'huile. Ajoutez les œufs un par un en fouettant, puis versez l'extrait de vanille et remuez le tout.
2. Dans un autre saladier, mélangez les farines avec la cannelle, le bicarbonate de soude, la noix de muscade et le sel. Incorporez l'ensemble au contenu du premier saladier, puis ajoutez le lait. Hachez les dattes et mélangez-les à la préparation avec les noix. Versez la pâte dans le moule, puis enfournez et laissez cuire de 25 à 30 minutes : la pointe d'un couteau piquée au centre du gâteau doit en ressortir propre. Posez le moule sur une grille et laissez tiédir le gâteau.
3. Préparez la sauce au miel. Dans une casserole à feu moyen, mélangez le lait avec la noix de muscade. Portez à ébullition, puis incorporez le miel. Augmentez le feu et portez à ébullition sans cesser de remuer. Laissez mijoter 3 minutes.
4. Coupez le gâteau en 8 parts. Nappez de sauce au miel chaude et servez.

Gâteau ROULÉ AU CHOCOLAT

- 4 gros œufs
- 150 g de sucre en poudre
- 1 cuill. à café d'extrait de vanille
- 2 cuill. à soupe de farine de blé type 55
- 50 g de cacao en poudre non sucré
- 60 g de beurre salé

Pour la garniture

- 250 g de fromage frais allégé
- 100 g de sucre glace
- 2 cuill. à soupe de jus de citron
- 60 g de lemon curd (crème anglaise à base de citron en vente dans les épiceries anglaises)

Pour servir

- Sucre glace
- 2 cuill. à soupe de chocolat noir râpé

Pour 6 à 8 personnes • Préparation : 30 min • Réfrigération : 30 min • Cuisson : 20 min • Difficulté : 3

1. Préchauffez le four à 180 °C (therm. 6), puis tapissez une plaque de cuisson de papier sulfurisé. Dans un saladier, fouettez les œufs avec le sucre et l'extrait de vanille à l'aide d'un batteur électrique, jusqu'à ce que le mélange blanchisse. Tamisez la farine et le cacao au-dessus du saladier, puis mélangez le tout. Faites fondre le beurre et incorporez-le à la préparation. Versez la pâte sur la plaque de cuisson en l'étalant uniformément.
2. Enfournez pour 20 minutes, puis laissez refroidir 5 minutes. Saupoudrez un torchon légèrement humidifié de sucre glace et retournez la plaque sur le torchon. Démoulez le gâteau, roulez-le avec le torchon, puis laissez-le refroidir, jointure dessous.
3. Préparez la garniture. Fouettez le fromage frais dans un saladier, puis ajoutez les autres ingrédients et mélangez bien.
4. Déroulez le gâteau, tartinez-le de garniture, puis roulez-le. Saupoudrez-le de sucre glace et de chocolat râpé. Réservez 30 minutes au réfrigérateur, puis servez.

Gâteau au CHOCOLAT

- 180 g de chocolat noir haché
- 45 g de beurre salé
- 6 gros œufs
- 200 g de sucre en poudre
- 3 cuill. à soupe de café en poudre
- 1 cuill. à soupe d'extrait de vanille

Pour le glaçage au café

- 6 cuill. à soupe de crème fraîche liquide allégée
- 70 g de sucre en poudre
- 1 cuill. à soupe d'expresso en poudre
- 90 g de chocolat noir haché
- 30 g de beurre salé
- 2 cuill. à café d'extrait de vanille

Pour 8 personnes • Préparation : 15 min • Cuisson : 50 min • Difficulté : 2

1. Préchauffez le four à 180 °C (therm. 6) et beurrez un moule à manqué. Faites fondre le chocolat et le beurre au bain-marie.
2. Cassez les œufs dans deux saladiers en séparant les blancs des jaunes. Fouettez les jaunes avec la moitié du sucre jusqu'à ce que le mélange blanchisse. Incorporez le café en poudre, l'extrait de vanille et le chocolat fondu aux jaunes d'œufs sucrés. Montez les blancs d'œufs en neige, puis incorporez le reste du sucre en continuant de fouetter. Quand les blancs sont fermes, mélangez-les avec la préparation au chocolat. Versez le tout dans le moule, puis enfournez pour 45 minutes. Laissez refroidir sur une grille, puis démoulez le gâteau.
3. Préparez le glaçage au café. Dans une casserole, réunissez la crème fraîche, le sucre et l'expresso. Portez à ébullition, puis incorporez le chocolat, le beurre et la vanille, jusqu'à obtention d'une texture homogène et nappez-en le gâteau.

Le gâteau de Savoie est léger et moelleux, confectionné sans jaune d'œuf ni matière grasse. Pour le réussir, veillez à ce que les blancs d'œufs soient à température ambiante.

Gâteau de SAVOIE & COMPOTÉE DE FRUITS

- Les blancs de 12 gros œufs, à température ambiante
- 6 cuill. à café de jus de citron
- 300 g de sucre en poudre
- 1 cuill. à soupe de zeste d'orange non traitée râpée
- 150 g de farine à gâteau (contenant de la poudre levante)

Pour la compotée de fruits

- 35 cl d'eau
- 400 g d'abricots secs
- 100 g de cranberries séchées
- 15 cl de jus d'orange
- 70 g de sucre en poudre
- 1 bâton de cannelle de 5 cm
- 1/2 cuill. à café d'extrait de vanille
- 1/4 de cuill. à café d'extrait d'amandes amères

Pour 8 à 12 personnes • Préparation : 25 min • Cuisson : 55 min • Difficulté : 2

1. Préchauffez le four à 180 °C (therm. 6), puis beurrez un moule à gâteau de Savoie de 25 cm de diamètre. Dans un saladier, montez les blancs d'œufs en neige souple avec le jus de citron à l'aide d'un batteur électrique. Incorporez progressivement le sucre sans cesser de battre, jusqu'à ce que les blancs en neige soient fermes. Parsemez de zeste d'orange. Tamisez la farine au-dessus du saladier, puis incorporez délicatement ces ingrédients à la préparation et versez-la dans le moule.
2. Enfournez pour 40 minutes. Laissez refroidir, puis démoulez le gâteau.
3. Préparez la compotée de fruits. Dans une casserole, réunissez tous les ingrédients. Portez à ébullition, puis laissez mijoter 10 minutes à couvert. Arrêtez le feu et jetez la cannelle. Répartissez la compotée de fruits sur le gâteau, puis tranchez-le et servez.

Si cette recette vous plaît, vous aimerez aussi...

Gâteau aux AMANDES & POIRES POCHÉES

Gâteau à la CAROTTE

Gâteau FRAMBOISES & AMANDES

Truffes aux FRUITS SECS

- 50 cl de lait écrémé
- 50 g de sucre roux en poudre
- 2 cuill. à soupe de miel liquide
- 1 pincée de cardamome en poudre
- 1 pincée de sel
- 100 g de riz arborio
- 60 g de raisins secs de Smyrne
- 75 g de noix de coco râpée
- 60 g d'amandes décortiquées

Pour 20 à 24 boulettes • Préparation : 20 min • Réfrigération : 3 h • Cuisson : 40 à 45 min • Difficulté : 2

1. Préchauffez le four à 190 °C (therm. 6-7). Dans une casserole, mélangez le lait avec le sucre, le miel, la cardamome et le sel. Portez à ébullition, puis ajoutez le riz. Laissez mijoter de 30 à 35 minutes à demi couvert en remuant régulièrement. Transférez la préparation dans un saladier, puis incorporez les raisins secs. Couvrez et réservez au moins 2 heures au réfrigérateur.
2. Parsemez la noix de coco et les amandes sur une plaque de cuisson à rebord. Enfournez, puis laissez cuire de 5 à 7 minutes. Transférez l'ensemble dans le bol d'un robot et mixez grossièrement. Réservez.
3. Façonnez des boulettes de riz aux raisins à l'aide d'une cuillère à soupe. Roulez chaque boulette dans le mélange d'amandes et de noix de coco. Réservez au moins 1 heure au réfrigérateur, puis servez.

Gâteau FRAMBOISES & AMANDES

- 150 g de framboises
- 120 g de fromage frais allégé
- 100 g de confiture de framboise épépinée
- 3 cuill. à soupe d'amandes décortiquées hachées

Pour la pâte

- 150 g de farine
- 70 g de sucre en poudre
- 75 g de beurre salé froid
- 12 cl de yaourt allégé à la vanille
- 1 ¼ cuill. à café d'extrait de vanille
- 1/2 cuill. à café d'extrait d'amande amère
- 1 gros œuf
- 1/2 cuill. à café de levure chimique
- 1 pincée de bicarbonate de soude

Pour 8 personnes • Préparation : 15 min • Réfrigération : 3 h • Cuisson : 40 à 45 min • Difficulté : 1

1. Préchauffez le four à 180 °C (therm. 6) et huilez un moule à manqué de 20 cm de diamètre. Préparez la pâte. Dans un saladier, mélangez la farine avec le sucre. Ajoutez le beurre et malaxez du bout des doigts jusqu'à obtention d'une pâte sableuse. Réservez 8 cuillerées à soupe de pâte. Incorporez les autres ingrédients au reste de la pâte, puis versez-la dans le moule.
2. Rincez les framboises. Dans un bol, fouettez le fromage frais avec la confiture de framboise. Étalez la préparation sur la pâte, puis parsemez de la pâte sableuse réservée, de framboises et d'amandes hachées. Enfournez pour 40 à 45 minutes. Laissez refroidir sur une grille, puis réservez au moins 3 heures au réfrigérateur avant de servir.

Cupcakes aux MYRTILLES SANS SUCRE

Pour 12 cupcakes • Préparation : 25 min • Cuisson : 25 à 30 min • Difficulté : 1

- 180 g de farine
- 2 cuill. à soupe d'amandes en poudre
- 1 cuill. à café de levure chimique
- 1 pincée de sel
- 120 g de beurre ramolli
- 6 cuill. à soupe de miel liquide
- 1 cuill. à café de zeste de citron non traité râpé
- 2 gros œufs
- 4 cuill. à soupe de lait écrémé
- 150 g de myrtilles

1. Préchauffez le four à 170 °C (therm. 5-6). Disposez 12 caissettes en papier dans les alvéoles d'un moule à muffins. Dans un grand bol, mélangez la farine avec les amandes en poudre, la levure et le sel.
2. Dans un saladier, battez le beurre avec le miel et le zeste de citron à l'aide d'un batteur électrique, jusqu'à ce que le mélange blanchisse. Incorporez les œufs en continuant de battre, jusqu'à obtention d'une pâte homogène. Réglez le batteur à vitesse lente, puis intégrez le contenu du bol et le lait à la pâte. Écrasez les myrtilles, puis incorporez-les à la préparation. Répartissez la pâte dans les caissettes en papier. Enfournez pour 25 à 30 minutes. Laissez refroidir sur une grille, puis démoulez et servez.

Cupcakes au CHOCOLAT SANS ŒUF

Pour 12 cupcakes • Préparation : 15 min • Cuisson : 30 à 35 min • Difficulté : 1

- 180 g de chocolat noir
- 90 g de beurre salé
- 225 g de farine
- 150 g de sucre en poudre
- 2 cuill. à soupe de cacao en poudre
- 1 ½ cuill. à café de levure chimique
- 1 cuill. à café de bicarbonate de soude
- 25 cl de lait
- 300 g de fruits rouges
- 4 cuill. à soupe de crème fraîche liquide allégée

1. Préchauffez le four à 170 °C (therm. 5-6). Disposez 12 caissettes en papier dans les alvéoles d'un moule à muffins. Faites fondre le chocolat avec le beurre. Dans un saladier, mélangez la farine avec le sucre, le cacao, la levure et le bicarbonate de soude. Arrosez de lait et de la moitié du chocolat fondu, puis remuez jusqu'à obtention d'une pâte homogène. Incorporez 150 g de fruits à la pâte, puis répartissez-la dans les caissettes. Enfournez pour 25 à 30 minutes. Laissez refroidir sur une grille, puis démoulez les cupcakes. Incorporez la crème fraîche au reste du chocolat fondu. Nappez-en les cupcakes, puis parsemez du reste des fruits et servez.

Cupcakes aux LOUKOUMS

Pour 12 cupcakes • Préparation : 40 min • Cuisson : 20 à 25 min • Difficulté : 2

- 125 g de margarine
- 100 g de sucre en poudre
- 1 cuill. à café d'eau de rose
- 2 gros œufs
- 150 g de farine
- 2 cuill. à café de levure chimique
- 4 cuill. à soupe de lait de soja
- 12 loukoums carrés

Pour le glaçage

- 225 g de sucre glace
- 2 cuill. à soupe d'eau de rose
- Colorant alimentaire rouge

1. Préchauffez le four à 180 °C (therm. 6). Disposez 12 caissettes en papier dans les alvéoles d'un moule à muffins. Dans un saladier, fouettez la margarine avec le sucre et l'eau de rose, jusqu'à ce qu'elle soit crémeuse. Battez les œufs dans un bol, puis incorporez-les à la margarine avec la farine, la levure et le lait de soja. Répartissez la pâte dans les caissettes, puis enfoncez un loukoum dans chaque cupcake. Enfournez pour 20 à 25 minutes. Laissez refroidir sur une grille et démoulez.
2. Préparez le glaçage. Dans un bol, délayez le sucre avec l'eau de rose. Nappez les cupcakes des trois quarts de glaçage, puis mélangez quelques gouttes de colorant avec le glaçage restant et décorez-en les cupcakes.

Cupcakes aux POIRES

Pour 16 cupcakes • Préparation : 20 min • Repos : 15 min • Cuisson : 30 à 35 min • Difficulté : 2

- 400 g de poires en conserve au sirop léger
- 100 g de flocons d'avoine
- 150 g de farine
- 150 g de farine complète
- 1 cuill. à café de bicarbonate de soude
- 1/2 cuill. à soupe de levure chimique
- 2 cuill. à café de gingembre en poudre
- 125 g de margarine allégée
- 150 g de sucre roux en poudre
- 1 cuill. à café d'extrait de vanille
- 2 gros œufs
- 2 cuill. à soupe d'amandes effilées

1. Préchauffez le four à 170 °C (therm. 5-6). Disposez 16 caissettes en papier dans les alvéoles d'un moule à muffins. Égouttez les poires au-dessus d'une casserole. Incorporez les flocons d'avoine au sirop, puis portez à ébullition. Ôtez du feu et réservez. Dans un saladier, mélangez les farines avec le bicarbonate de soude, la levure et le gingembre. Dans un grand bol, fouettez la margarine avec le sucre, la vanille et les œufs. Versez-la avec les flocons d'avoine, les poires tranchées et les amandes dans le saladier. Mélangez, puis versez dans les caissettes. Enfournez pour 25 à 30 minutes. Laissez refroidir sur une grille, démoulez et servez.

Soufflés au CHOCOLAT

- 75 g de cacao en poudre non sucré
- 6 cuill. à soupe d'eau chaude
- 15 g de beurre
- 1 cuill. à soupe d'huile de colza
- 3 cuill. à soupe de farine
- 1 cuill. à soupe de noisettes en poudre
- 1 pincée de cannelle en poudre
- 3 cuill. à soupe de sucre roux en poudre
- 2 cuill. à soupe de miel
- 1 pincée de sel
- 18 cl de lait écrémé
- Les blancs de 4 gros œufs
- 3 cuill. à soupe de sucre en poudre
- 2 cuill. à café de sucre glace

Pour servir

- 150 g de framboises

Pour 6 personnes • Préparation : 15 min • Refroidissement : 10 min • Cuisson : 20 à 25 min • Difficulté : 1

1. Préchauffez le four à 190 °C (therm. 6-7). Huilez six moules à soufflé de 25 cl. Dans un saladier, délayez le cacao avec l'eau chaude, puis réservez-le. Faites fondre le beurre dans une casserole. Incorporez l'huile au beurre fondu, puis ajoutez la farine, les noisettes en poudre et la cannelle. Prolongez la cuisson de 1 minute en remuant constamment. Ajoutez le sucre roux, le miel et le sel. Versez le lait dans la casserole et mélangez jusqu'à ce que l'ensemble épaississe. Incorporez cette préparation au cacao délayé, puis laissez refroidir légèrement le tout.
2. Dans un autre saladier, montez les blancs d'œufs en neige. Incorporez le sucre aux œufs en neige et fouettez, jusqu'à ce qu'ils soient fermes. Mélangez-les à la préparation à base de cacao, puis répartissez le tout dans les moules.
3. Enfournez et laissez cuire de 15 à 20 minutes. Laissez refroidir 10 minutes sur une grille, saupoudrez de sucre glace et servez avec les framboises.

Cupcakes au CHOCOLAT

- 250 g de chocolat noir
- 90 g de beurre
- 6 gros œufs
- 100 g de sucre en poudre

Pour servir

- Glace à la vanille
- Framboises

Pour 20 cupcakes • Préparation : 20 min • Cuisson : 25 à 30 min • Difficulté : 1

1. Préchauffez le four à 140 °C (therm. 4-5). Disposez 20 caissettes en papier dans les alvéoles d'un moule à muffins. Faites fondre le chocolat au bain-marie avec le beurre. Laissez refroidir. Pendant ce temps, cassez les œufs dans deux saladiers en séparant les blancs des jaunes. Incorporez les jaunes d'œufs au chocolat fondu.
2. Montez les blancs d'œufs en neige et ajoutez le sucre sans cesser de battre jusqu'à ce que les blancs soient fermes et brillants. Incorporez-les à la préparation chocolatée et versez le tout dans les caissettes en papier.
3. Enfournez pour 20 à 25 minutes. Laissez refroidir sur une grille. Déposez 1 boule de glace sur chaque cupcake, puis servez avec des framboises.

Servez ces jolis petits choux au dessert ou lors d'un buffet. Leur garniture à base de yaourt et le coulis de fraises qui les nappe les rendent bien meilleurs pour la santé que des choux à la crème classiques.

Choux au YAOURT & COULIS DE FRAISES

- 50 cl de yaourt à la grecque allégé
- 2 cuill. à soupe de sucre glace
- 1 cuill. à café d'extrait de vanille

Pour les choux

- 2 gros œufs
- Les blancs de 3 gros œufs
- 25 cl d'eau
- 45 g de beurre salé
- 150 g de farine

Pour le coulis de fraises

- 300 g de fraises
- 2 cuill. à soupe de sucre glace
- 1 cuill. à café de zeste d'orange non traitée râpé
- 1 cuill. à soupe de jus d'orange

Pour 16 à 20 choux • Préparation : 45 min • Réfrigération : 4 h • Cuisson : 30 à 35 min • Difficulté : 3

1. Passez le yaourt dans un chinois au-dessus d'un saladier. Couvrez, puis réservez 4 heures au réfrigérateur.
2. Préparez les choux. Préchauffez le four à 220 °C (therm. 7-8). Tapissez une plaque de cuisson de papier sulfurisé. Dans un bol, fouettez les œufs avec les blancs d'œufs, puis réservez le mélange. Réunissez l'eau et le beurre dans une casserole. Remuez à feu moyen, puis portez à ébullition et arrêtez le feu. Incorporez la farine dans la casserole. Remuez à feu moyen jusqu'à ce que la préparation forme une boule. Ôtez du feu et laissez reposer 5 minutes. Incorporez les œufs battus à la pâte jusqu'à ce qu'elle soit lisse et brillante. Déposez 12 cuillerées à café bombées de pâte à chou sur la plaque de cuisson en les espaçant bien, puis aspergez-les d'eau. Réglez le four à 200 °C (therm. 6-7). Enfournez et laissez cuire de 25 à 30 minutes. Faites une entaille sur le côté de chaque chou, puis prolongez la cuisson de 5 minutes. Arrêtez le four et laissez refroidir les choux à l'intérieur.
3. Préparez le coulis de fraises. Rincez les fraises, puis équeutez-les et mettez-les dans le bol d'un robot avec les autres ingrédients. Mixez, puis transvasez le coulis dans un bol.
4. Incorporez le sucre glace et l'extrait de vanille au yaourt égoutté. Coupez les choux en deux. Évidez-les, puis remplissez-les de yaourt vanillé. Nappez de coulis de fraises et servez.

Cookies aux CACAHUÈTES

- 1 gros œuf
- 150 g de sucre en poudre
- 250 g de beurre de cacahuètes crémeux
- 1/2 cuill. à café de bicarbonate de soude
- 120 g de pépites de chocolat noir
- 60 g de cacahuètes grillées

Pour 16 à 20 biscuits • Préparation : 15 min • Cuisson : 12 à 15 min • Difficulté : 1

1. Préchauffez le four à 180 °C (therm. 6), puis tapissez deux plaques de cuisson de papier sulfurisé. Dans un saladier, battez légèrement l'œuf. Incorporez le sucre, le beurre de cacahuètes et le bicarbonate de soude à l'œuf battu. Ajoutez les pépites de chocolat et les cacahuètes grillées à la préparation.
2. Farinez vos mains, puis façonnez 16 à 20 boulettes de pâte à l'aide d'une cuillère à soupe. Disposez les boulettes sur les plaques de cuisson en les espaçant de 5 cm.
3. Enfournez pour 12 à 15 minutes. Laissez refroidir 5 minutes sur les plaques de cuisson, puis transférez les cookies sur une grille pour qu'ils finissent de refroidir.

Meringues à l'ORANGE

- Les blancs de 4 gros œufs
- 250 g de sucre en poudre
- 1 cuill. à café de fécule de maïs
- 1 cuill. à café de vinaigre de vin blanc
- 1 cuill. à café d'extrait de vanille
- Le zeste râpé de 1 orange non traitée
- 1/2 cuill. à café de colorant alimentaire orange ou jaune

Pour 18 à 20 meringues • Préparation : 25 min • Cuisson : 1h • Difficulté : 1

1. Préchauffez le four à 140 °C (therm. 4-5) et tapissez deux plaques de cuisson de papier sulfurisé.
2. Dans un saladier, montez les blancs d'œufs en neige avec un batteur électrique. Incorporez progressivement le sucre, la fécule de maïs, le vinaigre, l'extrait de vanille, le zeste d'orange et le colorant alimentaire aux blancs d'œufs en continuant à fouetter, jusqu'à ce qu'ils soient fermes et brillants.
3. Transvasez la préparation dans une poche à douille. Déposez 18 à 20 portions sur les plaques de cuisson en les espaçant bien, puis enfournez pour 30 minutes. Baissez la température du four à 130 °C (therm. 4-5) et prolongez la cuisson de 30 min. Transférez les meringues sur une grille et laissez-les refroidir.

La tarte au citron est généralement déconseillée à ceux qui suivent un régime pauvre en graisses. Cependant, la recette qui suit est aussi crémeuse qu'une tarte au citron classique, mais moins riche en matières grasses, car elle contient moins de beurre et d'œufs.

Tarte au CITRON

- 150 g de sucre glace
- 3 gros œufs
- Les blancs de 2 gros œufs
- 2 cuill. à soupe de zeste de citron non traité râpé
- 12 cl de jus de citron
- 18 cl de crème fraîche allégée

Pour la pâte sablée

- 150 g de farine
- 1 cuill. à soupe de sucre glace
- 60 g de beurre salé froid
- 1 cuill. à soupe d'huile végétale
- Le jaune de 1 gros œuf
- 1 ou 2 cuill. à soupe d'eau glacée

Pour servir

- Sucre glace

Pour 12 personnes • Préparation : 45 min • Réfrigération : 15 min • Refroidissement : 1 ou 2 h • Cuisson : 50 min à 55 min • Difficulté : 2

1. Préparez la pâte sablée. Dans un saladier, mélangez la farine avec le sucre glace. Coupez le beurre en dés, puis ajoutez-les dans le saladier et malaxez du bout des doigts jusqu'à obtention d'une pâte sableuse. Incorporez l'huile, le jaune d'œuf et juste assez d'eau à la préparation pour former une pâte souple. Façonnez une boule de pâte.
2. Préchauffez le four à 190 °C (therm. 6-7). Farinez légèrement le plan de travail, puis étalez la pâte et disposez-la dans un moule à tarte à fond amovible de 23 cm de diamètre. Coupez les morceaux de pâte qui dépassent et piquez le fond à l'aide d'une fourchette. Réservez 15 minutes au réfrigérateur. Tapissez le fond de tarte de papier sulfurisé. Couvrez-le de haricots secs et enfournez pour 20 minutes. Retirez les haricots et le papier sulfurisé, puis prolongez la cuisson de 5 minutes.
3. Mettez le sucre glace dans un saladier. Dans un bol, fouettez légèrement les œufs avec les blancs d'œufs. Incorporez-les lentement au sucre glace à l'aide d'un fouet, puis ajoutez le zeste et le jus de citron. Mélangez et passez la préparation à travers un chinois au-dessus d'un autre saladier. Battez la crème fraîche dans un bol, puis incorporez-la au contenu du saladier. Versez le tout sur le fond de tarte chaud. Baissez la température du four à 150 °C (therm. 5). Enfournez et laissez cuire de 25 à 30 minutes, puis laissez refroidir 1 ou 2 heures. Saupoudrez de sucre glace et servez.

Whoopies CHOCOLAT & YAOURT À LA VANILLE

- 75 g de cacao en poudre non sucré
- 75 g de farine
- 3/4 de cuill. à café de cannelle en poudre
- 1 pincée de sel
- 30 g de beurre ramolli
- 50 g de sucre roux en poudre
- 50 g de sucre en poudre
- 1/2 cuill. à café d'extrait de vanille
- Le blanc de 1 gros œuf
- 250 g de yaourt glacé à la vanille à 0 % de matières grasses

Pour 12 à 16 whoopies • Préparation : 15 min • Réfrigération : 15 min • Cuisson : 10 à 12 min • Difficulté : 1

1. Préchauffez le four à 180 °C (therm. 6), puis tapissez deux plaques de cuisson de papier sulfurisé. Dans un saladier, mélangez le cacao avec la farine, la cannelle et le sel. Dans un grand bol, fouettez le beurre avec les deux sucres et l'extrait de vanille à l'aide d'un batteur électrique, jusqu'à ce que le mélange blanchisse. Ajoutez le blanc d'œuf et réglez le batteur à vitesse lente, puis incorporez la farine additionnée de cannelle. Façonnez une boule de pâte et enveloppez-la de film alimentaire. Réservez 15 minutes au réfrigérateur.
2. Déposez des cuillerées à café bombées de pâte sur les plaques de cuisson. Aplatissez-les légèrement avec la paume de la main, enfournez et laissez cuire de 10 à 12 minutes. Transférez les biscuits sur une grille et laissez-les refroidir.
3. Posez 1 cuillerée à café de yaourt sur la moitié des biscuits. Ajoutez les autres biscuits pour former des whoopies et servez.

Sablés & FRAISES

- 270 g de farine complète
- 30 g de farine
- 2 ½ cuill. à café de levure chimique
- 1 cuill. à soupe de sucre en poudre
- 60 g de margarine bio
- 18 cl de lait écrémé
- 300 g de fraises

Pour servir

- 12 cl de yaourt à la vanille à 0 % de matières grasses

Pour 8 personnes • Préparation : 15 min • Cuisson : 10 à 12 min • Difficulté : 1

1. Préchauffez le four à 180 °C (therm. 6), puis tapissez une plaque de cuisson de papier sulfurisé. Dans un saladier, mélangez les farines avec la levure et le sucre. Incorporez la margarine à la préparation à l'aide d'une fourchette jusqu'à obtention d'une pâte sableuse. Arrosez de lait et remuez pour obtenir une pâte humide.
2. Farinez le plan de travail, puis pétrissez la pâte jusqu'à ce qu'elle soit souple. Étalez-la sur 5 mm d'épaisseur en formant un rectangle deux fois plus long que large. Coupez 8 carrés de pâte, puis transférez-les sur la plaque de cuisson. Enfournez et laissez cuire de 10 à 12 minutes.
3. Pendant ce temps, rincez les fraises, équeutez-les et coupez-les en morceaux. Posez chaque sablé dans une assiette et disposez les fraises par-dessus. Agrémentez d'un peu de yaourt, puis servez.

Parfaites pour combler un petit creux, ces barres énergétiques sont riches en carotène, en sels minéraux et en sucres facilement assimilables, grâce aux abricots secs.

Barres CÉRÉALES & ABRICOTS SECS

- 300 g de petits flocons d'avoine
- 75 g de graines de tournesol
- 50 g de noix de coco râpée
- 50 g de farine
- 180 g de beurre
- 180 g de sirop d'érable
- 120 g d'abricots secs
- 150 g de sucre roux en poudre
- 120 g de beurre de cacahuètes
- 1 cuill. à café d'extrait de vanille

Pour 18 à 20 barres • Préparation : 15 min • Cuisson : 25 à 30 min • Difficulté : 1

1. Préchauffez le four à 160 °C (therm. 5-6), puis tapissez un moule de 18 x 28 cm de papier sulfurisé. Dans un saladier, mélangez les flocons d'avoine avec les graines de tournesol, la noix de coco et la farine.
2. Dans une casserole, réunissez le beurre et le sirop d'érable. Remuez à feu doux jusqu'à ce que le beurre ait fondu. Hachez grossièrement les abricots, puis ajoutez-les dans la casserole avec le sucre, le beurre de cacahuètes et l'extrait de vanille. Mélangez le tout. Incorporez la préparation au contenu du saladier jusqu'à obtention d'une pâte homogène.
3. Versez la pâte dans le moule, puis tassez-la délicatement avec le dos d'une cuillère. Enfournez pour 20 à 25 minutes. Laissez refroidir sur une grille. Démoulez le gâteau sur une planche à découper, puis coupez-le en 18 à 20 barres et servez.

Si cette recette vous plaît, vous aimerez aussi...

107
Sablés & FRAISES

116
Barres aux FRUITS SECS

116
Barres DATTES & NOIX

Muffins tout CHOCO

- 120 g de farine de pois chiches (dans les magasins bio)
- 30 g de fécule de pomme de terre
- 2 cuill. à soupe de fécule de maïs
- 200 g de sucre en poudre non raffiné
- 2 ¼ cuill. à café de levure chimique
- 1 pincée de bicarbonate de soude
- 1 cuill. à café de sel
- 75 g de cacao en poudre non sucré
- 120 g de compote de pommes sans sucres ajoutés
- 12 cl d'huile de colza
- 2 cuill. à soupe d'extrait de vanille
- 12 cl d'eau bouillante
- 360 g de pépites de chocolat

Pour 36 muffins • Préparation : 15 min • Cuisson : 12 à 15 min • Difficulté : 1

1. Préchauffez le four à 170 °C (therm. 5-6). Huilez 36 alvéoles d'un ou plusieurs moules à cupcakes.
2. Dans un saladier, mélangez la farine de pois chiches avec la fécule de pomme de terre, la fécule de maïs, le sucre, la levure, le bicarbonate de soude, le sel et le cacao. Dans un bol, mélangez la compote de pommes avec l'huile et l'extrait de vanille, puis versez le tout dans le saladier. Arrosez d'eau bouillante, puis remuez jusqu'à obtention d'une pâte homogène et incorporez les pépites de chocolat.
3. Déposez 1 cuillerée à soupe de pâte dans chaque alvéole du moule. Enfournez et laissez cuire de 12 à 15 minutes : la pointe d'un couteau piquée au centre d'un muffin doit en ressortir propre. Laissez refroidir complètement sur une grille.

Muffins à la BANANE

- 300 g de farine
- 2 cuill. à café de levure chimique
- 1 cuill. à café de cannelle en poudre
- 1/2 cuill. à café de bicarbonate de soude
- 100 g de flocons d'avoine
- 100 g de sucre roux en poudre
- 2 gros œufs
- 18 cl de yaourt nature allégé
- 4 cuill. à soupe d'huile de colza
- 2 bananes (environ 250 g)

Pour 12 muffins • Préparation : 15 min • Cuisson : 20 à 25 min • Difficulté : 1

1. Préchauffez le four à 200 °C (therm. 6-7). Disposez 12 caissettes en papier dans les alvéoles d'un moule à muffins. Dans un saladier, mélangez la farine avec la levure, la cannelle et le bicarbonate de soude. Incorporez les flocons d'avoine et le sucre à la préparation.
2. Dans un grand bol, fouettez les œufs avec le yaourt et l'huile. Pelez les bananes, puis écrasez-les. Incorporez-les au contenu du bol. Versez le tout dans le saladier et remuez à l'aide d'une cuillère en bois jusqu'à obtention d'une pâte homogène.
3. Répartissez la pâte dans les caissettes en papier. Enfournez pour 20 à 25 minutes. Laissez refroidir 5 minutes dans le four, puis transférez les muffins sur une grille pour qu'ils refroidissent.

Ces brownies à la compote de pommes sont particulièrement recommandés pour les régimes pauvres en sucre. Pelez une grosse pomme à cuire (de type golden), faites-la cuire avec 2 cuillerées à soupe d'eau jusqu'à ce qu'elle soit tendre, puis écrasez-la à l'aide d'une fourchette.

Brownie CHOCOLAT & COMPOTE DE POMMES

- 150 g de farine
- 1 cuill. à café de levure chimique
- 1/2 cuill. à café de bicarbonate de soude
- 6 cuill. à soupe d'huile végétale
- 120 g de compote de pommes sans sucre ajouté
- 75 g de cacao en poudre non sucré
- 100 g de sucre en poudre
- 2 gros œufs
- 1 cuill. à café d'extrait de vanille
- 30 g d'amandes effilées

Pour servir

- Café chaud

Pour 16 brownies • Préparation : 15 min • Cuisson : 20 à 30 min • Difficulté : 1

1. Préchauffez le four à 190 °C (therm. 6-7), puis tapissez un moule carré de 23 cm de côté de papier sulfurisé. Dans un bol, mélangez la farine avec la levure et le bicarbonate de soude.
2. Dans un saladier, mélangez l'huile avec la compote de pommes et le cacao. Parsemez le mélange de sucre et fouettez jusqu'à ce qu'il soit dissous. Ajoutez les œufs et l'extrait de vanille à la préparation, puis incorporez le contenu du bol à la pâte. Versez le tout dans le moule et parsemez d'amandes effilées.
3. Enfournez et laissez cuire de 20 à 30 minutes : la pointe d'un couteau piquée au centre du gâteau doit en ressortir propre. Laissez refroidir sur une grille. Démoulez le brownie, puis coupez-le en carrés et servez avec un café.

Si cette recette vous plaît, vous aimerez aussi...

90
Gâteau ROULÉ AU CHOCOLAT

96
Cupcakes au CHOCOLAT SANS ŒUF

110
Muffins tout CHOCO

Cookies AUX NOISETTES

- 250 g de noisettes décortiquées
- 250 g de sucre en poudre
- Les blancs de 4 gros œufs
- 1/2 cuill. à café de sel
- 1 cuill. à café d'extrait de vanille

Pour 40 à 50 biscuits • Préparation : 30 min • Cuisson : 35 à 45 min • Difficulté : 2

1. Préchauffez le four à 120 °C (therm. 4). Étalez les noisettes sur une plaque de cuisson, puis enfournez et faites-les griller jusqu'à ce qu'elles soient dorées. Transférez-les sur un torchon et frottez-les pour retirer la peau.
2. Préchauffez le four à 170 ° (therm. 6-7). Tapissez deux plaques de cuisson de papier sulfurisé. Dans le bol d'un robot, réunissez les noisettes et le sucre. Mixez finement le mélange, puis transférez-le dans un saladier. Dans un grand bol, montez les blancs d'œufs en neige ferme avec le sel à l'aide d'un batteur électrique. Incorporez les œufs en neige et l'extrait de vanille aux noisettes en poudre. Déposez des cuillerées à soupe de pâte sur les plaques de cuisson en les espaçant de 5 cm.
3. Enfournez pour 25 à 30 minutes. Laissez refroidir les cookies 5 minutes sur les plaques de cuisson, puis transférez-les délicatement sur une grille avec une spatule. Laissez-les refroidir complètement.

Meringues au CHOCOLAT

- Les blancs de 3 gros œufs
- 1/2 cuill. à café de jus de citron
- 150 g de sucre en poudre
- 1/2 cuill. à café d'extrait de vanille
- 3 cuill. à soupe de cacao en poudre non sucré
- 1 cuill. à soupe de cannelle en poudre
- 90 g de pépites de chocolat

Pour servir

- Café chaud

Pour 40 à 50 meringues • Préparation : 15 min • Cuisson : 1h30 • Difficulté : 1

1. **Préchauffez** le four à 110 °C (therm. 3-4), puis tapissez deux plaques de cuisson de papier sulfurisé. Dans un saladier, montez les blancs d'œufs en neige avec le jus de citron à l'aide d'un batteur électrique. Incorporez progressivement le sucre en continuant de fouetter jusqu'à ce que les œufs en neige soient fermes. Ajoutez l'extrait de vanille, puis tamisez le cacao et la cannelle au-dessus du saladier. Mélangez délicatement le tout avec les blancs et les pépites de chocolat.
2. **Transvasez** la préparation dans une poche à douille équipée d'un embout lisse de 1 cm de diamètre. Formez des disques de 5 cm de diamètre bien espacés sur les plaques de cuisson. Enfournez pour 1h30, puis laissez-les refroidir 15 minutes à température ambiante sur une grille et servez avec un café.

Moelleux aux CRANBERRIES

Pour 16 à 20 carrés • Préparation : 15 min • Cuisson : 30 à 35 min • Difficulté : 1

- 150 g de farine
- 1/2 cuill. à café de cannelle en poudre
- 1 pincée de sel
- 60 g de beurre salé
- 150 g de sucre en poudre
- 1 gros œuf
- 70 g de noix de pécan
- 150 g de cranberries
- 2 cuill. à soupe de sucre glace

1. Préchauffez le four à 180 °C (therm. 6), puis beurrez un moule carré de 23 cm de côté. Dans un grand bol, mélangez la farine avec la cannelle et le sel.
2. Faites fondre le beurre et mélangez-le avec le sucre dans un saladier. Battez l'œuf dans un petit bol, puis incorporez-le au beurre sucré. Hachez finement les noix de pécan. Ajoutez-les à la préparation avec le contenu du grand bol et les cranberries. Mélangez, puis versez la pâte dans le moule.
3. Enfournez et laissez cuire de 30 à 35 minutes : la pointe d'un couteau piquée au centre du gâteau doit en ressortir propre. Laissez refroidir dans le moule. Saupoudrez de sucre glace, puis démoulez le gâteau et coupez-le en carrés.

Bouchées AMANDES & CAFÉ

Pour 16 carrés • Préparation : 30 min • Trempage : 5 min • Cuisson : 35 à 40 min • Difficulté : 1

- 200 g d'amandes décortiquées
- 150 g de sucre en poudre
- 2 cuill. à soupe d'eau chaude
- 2 cuill. à café de café soluble
- Les blancs de 2 gros œufs
- 1 pincée de sel

Pour servir

- Sucre glace

1. Préchauffez le four à 180 °C (therm. 6), puis beurrez un moule carré de 20 cm de côté. Mettez les amandes dans un saladier. Couvrez-les d'eau et laissez-les tremper 5 minutes. Égouttez les amandes sur un torchon et frottez-les délicatement pour les peler, puis hachez-les finement. Dans une casserole, réunissez le sucre, l'eau et le café. Portez à ébullition, puis incorporez les amandes hachées. Réservez.
2. Dans un grand bol, montez les blancs d'œufs en neige ferme avec le sel à l'aide d'un batteur électrique. Ajoutez les œufs en neige dans la casserole, mélangez et versez le tout dans le moule.
3. Enfournez pour 35 à 40 minutes : la pointe d'un couteau piquée au centre du gâteau doit en ressortir propre. Laissez refroidir, puis saupoudrez de sucre glace. Démoulez le gâteau et coupez-le en carrés.

Barres aux FRUITS SECS

Pour 12 barres • Préparation : 20 min • Cuisson : 30 à 35 min • Difficulté : 1

- 90 g de beurre ramolli
- 6 cuill. à soupe de miel
- 100 g de sucre en poudre non raffiné
- 60 g de cerneaux de noix
- 225 g de gros flocons d'avoine
- 2 cuill. à soupe de graines de potiron
- 2 cuill. à soupe de graines de tournesol
- 2 cuill. à soupe de graines de sésame
- 60 g de raisins secs
- 2 cuill. à soupe de noix de coco râpée
- 1 cuill. à café de cannelle en poudre

1. Préchauffez le four à 190 °C (therm. 6-7), puis beurrez un moule de 18 x 28 cm. Dans une casserole, faites fondre le beurre avec le miel et le sucre en remuant constamment. Portez à ébullition et laissez mijoter jusqu'à ce que le sucre soit complètement dissous. Ôtez du feu.
2. Hachez les cerneaux de noix, puis incorporez-les à la préparation avec tous les autres ingrédients. Versez l'ensemble dans le moule et lissez la surface avec le dos d'une cuillère. Enfournez pour 30 à 35 minutes. Laissez refroidir dans le moule, puis démoulez et coupez en barres.

Barres DATTES & NOIX

Pour 12 barres • Préparation : 15 min • Cuisson : 25 à 30 min • Difficulté : 1

- 200 g de dattes dénoyautées
- 150 g de noix de pécan
- 60 g de noix de macadamia
- 60 g de papaye séchée
- 60 g de cerises séchées
- 225 g de gros flocons d'avoine
- 60 g de myrtilles séchées
- 2 cuill. à soupe de son d'avoine
- 3 cuill. à soupe de graines de lin moulues (dans les magasins bio)
- 2 cuill. à soupe de germes de blé
- 1/2 cuill. à café de gros sel
- 1/2 cuill. à café de cannelle en poudre
- 3 cuill. à soupe de miel

1. Préchauffez le four à 180 °C (therm. 6), puis beurrez un moule carré de 20 cm de côté. Mettez les dattes dans une casserole et couvrez-les d'eau. Portez à ébullition, puis égouttez les dattes et transférez-les dans le bol d'un robot. Mixez jusqu'à obtention d'une purée.
2. Hachez les noix de pécan, les noix de macadamia, la papaye et les cerises dans un saladier et ajoutez tous les autres ingrédients. Remuez, puis incorporez la purée de dattes à la préparation. Étalez la pâte dans le moule. Enfournez pour 20 à 25 minutes. Laissez refroidir complètement, démoulez, puis coupez en barres.

Cookies aux NOIX DE PÉCAN

- 450 g de sucre glace
- 120 g de cacao en poudre non sucré
- 1/2 cuill. à café de sel
- 150 g de chocolat noir
- 180 g de noix de pécan
- Les blancs de 4 gros œufs

Pour 30 à 32 biscuits • Préparation : 15 min • Cuisson : 25 à 30 min • Difficulté : 1

1. Préchauffez le four à 170 °C (therm. 5-6), puis tapissez deux grandes plaques de cuisson de papier sulfurisé.
2. Dans un saladier, mélangez le sucre glace avec le cacao et le sel. Hachez le chocolat et les noix de pécan, puis incorporez-les à la préparation. Dans un bol, battez légèrement les blancs d'œufs. Transvasez-les dans le saladier et incorporez-les à la pâte.
3. Déposez des cuillerées à soupe bombées de pâte sur les plaques de cuisson, en les espaçant de 7 cm. Enfournez et laissez cuire de 25 à 30 minutes : les biscuits doivent être secs et craquelés. À mi-cuisson, intervertissez les plaques pour obtenir une cuisson uniforme. Transférez les cookies sur une grille et laissez-les refroidir.

Sablés aux AMANDES

- 1/2 gousse de vanille
- 90 g de beurre ramolli
- 100 g de sucre en poudre
- 150 g de farine de blé type 55
- 150 g d'amandes en poudre
- 1/2 cuill. à café de sel

Pour servir
- Café chaud

Pour 18 sablés • Préparation : 15 min • Congélation : 30 min • Refroidissement : 15 min • Cuisson : 45 à 55 min • Difficulté : 1

1. Tapissez un moule carré de 20 cm de côté de papier sulfurisé, en laissant dépasser le papier de 5 cm sur deux bords opposés. Fendez la demi-gousse de vanille dans le sens de la longueur à l'aide d'un couteau. Égrenez-la au-dessus d'un saladier et ajoutez le beurre et le sucre. Fouettez à l'aide d'un batteur électrique jusqu'à ce que le mélange blanchisse. Réglez le batteur à vitesse lente, puis incorporez la farine, les amandes en poudre et le sel à la préparation sans cesser de battre. Transférez la pâte dans le moule, tassez-la bien, puis réservez-la 30 minutes au congélateur.
2. Préchauffez le four à 180 °C (therm. 6). Tracez 16 rectangles sur la pâte à l'aide de la pointe d'un couteau. Enfournez et laissez cuire de 45 à 55 minutes. Laissez refroidir 15 minutes, puis démoulez en tirant sur le papier sulfurisé. Posez le biscuit sur une grille et laissez-le refroidir. Découpez-le en suivant les traits, puis servez avec un café.

INDEX